高手这样登台发言

何 言——编著

科学普及出版社

·北 京·

图书在版编目（CIP）数据

高手这样登台发言 / 何言编著. -- 北京：科学普
及出版社，2025. 1. -- ISBN 978-7-110-10886-4

Ⅰ. H019

中国国家版本馆CIP数据核字第2024NU9556号

特约策划	王晶波	
责任编辑	胡天焰	
装帧设计	创巢视觉	
责任印制	李晓霖	

出　　版	科学普及出版社
发　　行	中国科学技术出版社有限公司
地　　址	北京市海淀区中关村南大街 16 号
邮　　编	100081
发行电话	010-62173865
传　　真	010-62173081
网　　址	http://www.cspbooks.com.cn

开　　本	880mm×1230mm　1/32
字　　数	140 千字
印　　张	6
版　　次	2025 年 1 月第 1 版
印　　次	2025 年 1 月第 1 次印刷
印　　刷	德富泰（唐山）印务有限公司
书　　号	ISBN 978-7-110-10886-4/ H·252
定　　价	48.00 元

在 18 世纪，美国历史上杰出的政治家、科学家本杰明·富兰克林深刻地指出："说话和事业的进展有很大关系，是一个人力量的主要体现。"他的话语提醒我们，言语不仅是沟通的工具，更是个人能力的重要体现。在这个言语交流至关重要的时代，登台发言已经成为现代社会的必修课。

自古以来，无论是在古老的中国、埃及、希腊、罗马、巴比伦还是印度，发言都是社会生活中不可或缺的一部分。发言不仅是一种艺术，更是一种强大的社会力量，它能够引导舆论，促进文明发展，培养高尚情感，并激发人们的行动。

在社会交往频繁的今天，登台发言能力的重要性愈发凸显。它们不仅是衡量个人素质的基本标准，更是决定个人命运的关键因素。面试、会议、演讲……在这些关键时刻，良好的登台发言能力可以帮助我们赢得机会、展现自我、影响他人。

因此，我们精心编写了这本书，旨在帮助读者提升登台发言技巧，成为发言的高手。本书从技术角度深入探讨如何在台上自信地发言，如何在生活中有效地沟通。我们不仅展示了发言的巨大威力，更将理论与实践相结合，以通俗易懂的语言深入浅出地论述了登台发言的艺术。

　　本书兼具知识性、趣味性、理论性和实用性，是一本难得的登台发言专业著作。它不仅适合演讲、发言爱好者阅读，也为专业人员提供了宝贵的参考。

　　通过阅读本书，你将学会如何在各种场合下轻松应对，无论是面对尴尬、获取提升机会还是扩大交际范围，都能够说好自己想说的话，说好难说的话，提高说话技巧，从而改变命运。让我们一起探索演讲的奥秘，成为真正的发言高手。

第六章

了解听众的需求，让听众跟着你的思维走

第七章

预设失控局面，教你如何机智巧妙救场

第八章

登台发言，不同情境要有不同的展现

第一章 ▷

优秀的人都是登台发言高手

人生处处需要登台发言

众所周知，登台发言无非就是在公开场合说话，如此简单而又极为普遍的一件事情，怎么会有非凡的意义呢？登台发言，首先意味着你把自己的形象完全地展现在公众面前，它就好像是一个人综合素质的一面镜子，也好似衡量一个人能力以及水平的一把尺子。在现实生活中，尤其是对于领导者来说，如果发言能够说得生动精彩、引人入胜、打动人心，这无疑会给听众留下难以忘怀的印象，甚至可以为领导者塑造良好的领导形象，使自己的威信得到提高。

或许有的人会说：我既不是领导，也不是教师，我只是一个再普通不过的职员而已，登台发言对我没有任何意义。可是，真的是这样吗？登台发言往往是伴随着一个人的职业发展悄悄地来到他的面前，如果要列出需要"登台发言"的职业，那么，你或许马上就会脱口而出："校长、主持人、老师、律师、明星、运动员……"可能，你所能想到的还会有许多。足以见得，当众发言已经成了我们人生中的一部分，对此，套用英国前首相丘吉尔一句经典的话："你能对着多少人当众讲话，你的人生就会有多精彩。"

如果更多的企业，如果企业中更多的员工，特别是领导人，也能具备这样一种"当众讲话"的影响力，那么将会对企业的发展起到什么样的推进作用呢？

一位女士这样自述：

我学的是幼儿师范，毕业之后分配在一家幼儿园做幼儿教师工作。因为工作出色，5 年之后，单位提升我为教务主任。结果，我

3

一上任就遇到了一个大难题：需要经常给老师们开会，但我一当众说话就特别紧张，一年之后还是如此，开会前总是睡不好觉，吃不好饭，心神不宁，真是痛苦不堪，最后我选择了辞职，只为了能够解脱。

案例中的女士，仅仅因为需要当众说话，就觉得自己的人生充满了苦恼。可见，当众说话确实给我们的人生带来了一些与众不同的方面，对于人生有着非比寻常的意义。

1. 登台发言为人生的交际增添了色彩

21世纪是信息的时代，竞争异常激烈，机遇和风险并存。实力当然必不可少，但交际也有着同等重要的作用。人生中的交际离不开当众讲话、登台发言，特别是演讲能力，这是获得社会认同、上司赏识、下属拥戴、同事喜欢、朋友信赖的必要条件。正如我们所见，登台发言给人生交际增添了如此多的色彩。

2. 登台发言能培养自信心

卡耐基先生说："当众讲话是培养一个人自信和勇气的最佳方式。"当一个人除去当众讲话的恐惧之后，也会克服对自己、对别人以及对生活本身的恐惧。"学会公开讲话，会增强你的自信心，会使你整个人的性格越来越温和，越来越美好。这将意味着你的情绪已渐入佳境。"这是大卫·奥门博士曾经开过的一个药方，当时，他还说了这样一句话："在药房里抓不到，每个人得自己配，你要认为自己不行，那就错了。"假如你觉得你的生命遭遇了不幸，或是升职无望，或是求职失败，或是向异性表白遭遇了拒绝等，我相信，奥门博士所开出的药方——当众讲话，是十分适合你的。如果你能够真正地学会当众讲话，那么你会发现，幸福的生活正在向你挥手呢！

大多数人都有这样的体会：你站在许多人面前说话，说得听众频频点头，大家的目光都在赞许你，还有人在本子上记下要点；在说话结束时听众对你给予热烈的掌声，在散场时有人让你签名，有人会找你请教问题，此时，你会对自己产生新的价值认定，心中的自卑感会一扫而光，自信心将得到最好的养分。

敢于当众讲话是成功的第一步

英国前首相丘吉尔曾说过一句经典的话："你能对着多少人当众讲话，你的人生就会有多精彩。"事实确实是这样，在职场中，有许多场合都需要当众讲话，比如求职面试、竞聘职位、总结报告、发表意见、主持活动、会议发言、接受采访等。毋庸置疑，当众讲话是一个人在职场中必备的基本技能，也是管理者管理人才的必要工具。在更多的时候，当众讲话将为你赢得事业成功，在事业发展的路途中，我们所需要经过的过程大多是这样：最开始只听上司讲话，慢慢地你开始对一两个下属说话，逐渐地，你讲话的对象越来越多，直至你成了公司老总的时候，那时候你所面对的将是全体员工。

那些工作中言语不多的人，他们即便具备卓越的工作能力，他们的事业也已经局限在他所坐的位置上了，敢于当众讲话是事业成功的秘诀。在工作中遇到与同事意见分歧的时候，需要大胆讲出来，因为，你讲出来，或许会有万分之一的机会成功，但你不讲，就连这样的机会都没有了；在想到了很好的提议的时候，哪怕会议室里人数众多，你也需要大胆地讲出来，证明自己的能力；在面对消费者的时候，更是需要将当众讲话的技能发挥得淋漓尽致。多少事业成功的人都是这样一步步走过来的，如果说他们有什么与别人不一样的地方我想其中应该有这样一点：敢于当众讲话。

马先生在上个星期晋升为总经理，尽管马先生的工作能力大家有目共睹，但是他身上最大的一个缺点就是：惧怕当众讲话。这个毛病在他上学时就有了，那时他不能在课堂上做报告，每当学校有口试他就会两腿发软。他甚至认为，在他结婚的那一天，幸亏上天照应，他得了重感冒，嗓子不能发声，才躲过了那天的当众讲话。

现在，马先生正愁眉苦脸地坐在办公室，很快自己就要在公司评议大会上做报告了，这是自己担任新职位以来第一次公开讲话，公司高层领导对此极其重视，希望他能通过这次讲话奠定好自己未来的事业基础。但是，对于马先生来讲，当确定了正确日期的时候，自己就再也没有睡过一天安稳觉，他甚至冒出了一个荒唐的念头：想请病假来躲过那难熬的两个小时。

当然，这个荒谬的念头并没有实现，马先生还是一如既往地来到了会场。虽然，之前默念了无数遍演讲稿，但真正到了高高的讲台，马先生突然得了健忘症，他一边不断地抹着额头上冒出的汗水，一边吞吞吐吐地讲道："今天……谢谢大家……我需要说的是……"在整个讲话过程中，马先生停顿了无数次，才勉强讲完，当然，他为此花掉了超出预算一倍之多的时间。

会议结束之后，上级领导对马先生说："现在将手上的全部工作放一放，你去上口才培训班锻炼锻炼，希望你能有所收获，等到下次会议的时候，我希望能看见一个崭新的面貌。如果你还是不能做好，那么，我想有必要考虑你是否适合这个职位。"

对马先生在会议上的表现，法国心理学家克里斯多夫·安德烈说道："如此的行为很普遍，很多人害怕丢脸、害怕当众讲话，就好像他们害怕蛇虫一样。有一半以上的人害怕这种当众讲话的场合，而有大概三分之一的人放弃过当众讲话的机会。"就好像马先生一样，虽然他拥有优秀的工作能力，但是成为一名管理者以及领导者后，他所需要的就是当众讲话的能力。如若不然，他的事业只能止步不前，甚至退回原点。

其实，讲话本身就是一种能力，那些站在路边小摊上吆喝的老板，有的人一个月的收入远远超过白领阶层。这是为什么呢？简单来说，就是有的人靠技能挣钱，有人靠做苦力挣钱，而他们则是靠一张嘴吃饭。许多各行业最优秀的推销员，无不是当众讲话的卓越者。因此，在学习当众讲话的时候，我们不仅需要把它当成是事业成功的砝码，更需要将它当成是一种特殊的能力。

成功发言铸就领导魅力

著名领导力大师沃伦·本尼斯曾说："领导者与常人的区别在于，领导者能够把握说话的技巧，清楚明白地表达人类共同的梦想。"发言是领导艺术的重要组成部分，在中外历史中，那些业绩卓著的领导者，他们无一不是发言的高手。他们的号召力、影响力，以及组织能力之所以能打动人心在很大程度上是得益于他们发言的艺术。

一个领导者每天出入各种公开场合，用得体的语言进行谈判、讲激励员工、部署工作等，这些无一例外都是在进行发言。而在发言的过程中领导的魅力将展露无遗，我们可以说，发言铸就领导的魅力。

领导者的魅力取决于什么？一个领导者的讲话能否讲出水平、达到预期效果，除了他所具备的讲话能力之外，还有一个重要的影响因素就是其语言魅力。因此，语言魅力决定着讲话者的魅力，而有效展现语言水平的发言则铸就了领导者的魅力。一个领导者大部分时间都是在发言，他所具备的才能、知识、素养等都是通过发言而逐一展现的，而那些就是领导者自身的魅力。

英国前首相撒切尔夫人在自己上任后的第一次讲话里说道："我是继伟人之后担任保守党领袖的。这使我觉得自己很渺小。在我之前的领袖，都是赫赫有名的伟人。如我们的领袖温斯顿·丘吉尔把英国的名字推上了自由世界历史的顶峰；安东尼·伊登为我们确立了可以建立起极大财富和民主的目标；哈罗德·麦克米伦使很多凌云壮志变成了每个公民伸手可及的现实；亚历克·道格拉斯·霍姆赢得了大家的爱戴和敬佩；爱德华·希思成功地为我们赢得了 1970 年大选的胜利，并于 1973 年英明地使我们加入了欧洲经济共同体。"

1979 年，撒切尔夫人在大选中获胜，她说道："不论大家在大选中投了谁的票，我都要向全体英国人民呼吁：现在大选已过，希望我们携手前进，齐心协力，为我们所自豪的国家的强大而奋斗。我们面前有很多事情等着我们去做，让我们一起奋斗吧！"

1987 年，撒切尔夫人第三次连任，她讲了这样一段话："我们有权利也有义务提醒整个自由世界注意，英国再次信心百倍、力量强大和深受信任。我们信心百倍，是因为人们的态度已经发生了变化；我们的力量强大，是因为我们的经济欣欣向荣，富有竞争力，而且在不断强大；我们深受信任，是因为世人知道我们是一个强大的盟友和忠实的朋友。"

撒切尔夫人最大的魅力在于威信，她是 20 世纪后期世界上最具魅力的政治人物之一，而她那卓越的发言，更为其展现了非凡的魅力。如果说威信是她的魅力，那在这次发言中，她的魅力得到了最大限度的展现。第一段话，撒切尔夫人列举了现代史上英国历代首相的功绩，以此来表明自己的任重道远；第二段话，她以富有感情的语言拉近了与广大人民群众的距离，增强了她在英国人民心中的影响；第三段话，她以豪放的语言表现自己的信心和王者之气，进一步提高了她在人民中的威信。

第二章

登台发言的要素，塑造自己的形象

注意自己的仪表和风度

登台发言时，不但要有良好的语言表达能力，同样需要注意自己的仪表和风度。登台发言时，给人的第一印象是非常重要的，而听众正是通过观察发言人的仪表来产生对他的第一印象的。所以注重仪表和风度是登台发言迈向成功的第一步，同时也是对听众的最基本的礼貌。

一、面带微笑

笑是大部分人能够做出的一个动作，我们在生活中总是不停地重复着各种笑容，笑是人脸上最棒的表情，它能够反映出一个人的内心世界。

当考生面对考官时，考官的微笑可以缓解他的紧张情绪。当顾客遇到问题时，服务员的一个微笑可以安抚他的情绪。一个推销员的微笑可以让他赢得客户的信任。教师的一个微笑可以拉近他与学生们的距离。

在运用微笑传情达意时，要真诚自然，适度得体。微笑是一个人自信的标志，是待人接物时最基本的礼貌，同时一个人的涵养和情感都可以通过微笑表现出来。微笑可以沟通情感，消融"坚冰"，是善意的标志、友好的使者、成功的桥梁。服务业的老板都喜欢经常面带微笑的员工。

在大部分人中，能够展现出发自内心的微笑的都是心地非常善良的人，也是可以信赖的人，这样的人所说的话是可以相信的。

登台发言时面带微笑，不但可以给听众一种温和开朗的印象，而且可以建立一种融洽气氛。

在所发言的内容和听众的认知有所偏差，或者有刻意刁难的问题出现时，微笑可以消除听众的抵触情绪，缓解矛盾，避免冲突的发生。

值得我们注意的是发言中的微笑是要讲究时机的，如果时机不对，同样是无法取得良好的发言效果的。

第一，在上台和下台时，要面带微笑。上台时的微笑可以给听众一个良好的第一印象，拉近发言人与听众的距离。下台时的微笑可以给发言做一个良好的结尾，使听众感到温馨和意犹未尽。

第二，在赞美歌颂一些人、一些事时一定要面带微笑，因为只有微笑才能代表发言人的赞美是发自内心的，才能加强发言的感染力。如果发言人面无表情地发表赞美，那么就会在听众心中留下虚伪的印象，发言的效果和影响力就大打折扣了。

第三，在面对听众提问时一定要面带微笑，这样做的原因有两个，一是表示对听众的尊敬，二是通过微笑鼓励听众说出自己的想法。

第四，如果遇到反对的、不同的或批评的声音，就更应该微笑着聆听。因为每个人的观点和看法都是不尽相同的，通过听众的反对意见，我们同样可以学到很多东西，现场气氛也能够活跃起来。

第五，如果遇到了大声喧哗，或者捣乱的听众，发言人也不能大声训斥，因为一方面这是在公共场合的基本礼仪，另一方面，怒目相对，也会影响其他正常听众，使得他们觉得扫兴。所以在这种时候，作为发言人，可以略略停顿一小会儿，这时一些听众会自发地维持会场的纪律，等待会场稍微安静一些时，可以面带微笑地对扰乱了发言的人进行含蓄的批评。

微笑是我们在日常生活交谈、登台发言、演讲中，都会用到的一种表情，那么要如何微笑，微笑训练都有哪些技术上的要求呢？

我们可以借鉴摄影师在拍摄照片时，常会问的问题，例如，问："肥肉肥不肥？"答："肥！"问："糖甜不甜？"答："甜。"或者说"田七""茄子"等，都可以使我们自然地微笑。

平时，我们可以在空闲的时候，面对镜子做微笑练习。

看看口腔开到什么程度为宜；嘴唇呈什么形态，圆的还是扁的；嘴角是平拉还是上提。要注意，口腔打开到不露或刚露齿缝的程度，嘴唇呈扁形，嘴角微微上翘。如果能每天面对镜子练习30分钟，就能成为一个具有得体微笑的发言人了。

最后要注意的一个问题就是，不是所有的发言都要面带笑容，微笑也要分清场合，如召开重要会议、处理突发事件、参加追悼大会时，就不能面带微笑。同时，其他的登台发言中不能从头到尾一味微笑，否则让人感到你像一个弥勒佛，觉得你带了一个面具上台发言，没有感情。

二、得体的穿着

肢体的动作同语言一样是发言的重要组成部分。而肢体语言又包括了个人的形象和动作这两个方面。

肢体语言是补充语言传播的不足、作用于人的视觉的一种手段。

发言人给予听众的第一印象，是十分重要的，甚至可以决定听众是否愿意认真听取发言人的讲话。

一般人在面对一个陌生人时，只能凭着这个人的服装和仪表来判断这个人。所以要有一个好的形象，就必须从最基本的做起，注意自己的穿着。

中国有句古话说得好："人靠衣服马靠鞍。"其意思就是指一个人穿上好的衣服这个人的气质风度就会变得不一样。服装和仪表，并不仅仅是一个人外在形象的问题，也是一个人内在涵养的表现和反映，良好的形象是外表得体和内涵丰富的统一。

对服装和仪表最起码的要求，就是要干净、端庄、整齐，给人以清爽、精神的感觉，使人看了比较舒服。

意识到着装打扮的重要性还完全不够，如果你不会挑选、搭配，恐怕你的形象意识也是起不了作用的。

恰当的着装能够弥补自身条件的某些不足，树立起自己的独特气质，使你脱颖而出。从礼仪的角度看，着装不能简单地等同于穿衣。它是着装人基于自身的阅历修养、审美情趣、身材特点，根据不同的时间、场合、目的，力所能及地对所穿的服装进行精心的选择、搭配和组合。在各种正式场合，注重个人着装的人能体现仪表美，增加交际魅力，给人留下良好的印象，使人愿意与其深入交往。同时，注意着装也是每个事业成功者的基本素养。

首先，文明大方：忌过露、过短、过紧。

整洁的衣着反映出一个人振奋、积极向上的精神状态；而褴褛、肮脏的服装，则是一个人颓废、消极、精神空虚的表现。因此，衣服要勤换、勤洗、熨平整，裤子要熨出裤线；衣扣、裤扣要扣好、裤带要系好；穿中山装应扣好风纪扣；穿长袖衬衣衣摆要塞在裤内，袖口不要卷起，短袖衫衣摆不要塞在裤内。

装饰必须端庄、大方，要让对方感到可亲、可近、可信，乐于与你交往。在登台发言前，应适当打扮一下，把脸洗干净，头发梳理整齐。男士应刮胡子，女士还可化一点淡妆。一般来说，女装色彩丰富，轮廓较优美，面料较讲究，显示出秀丽、文雅、贤淑、温和等气质。男装则要求线条简洁有力，色彩沉着，衣料挺括。

其次，搭配得体：完美和谐、色彩搭配、鞋袜搭配。

服饰礼仪中所说的服饰，不完全是指我们日常生活中的衣服和装饰物，而主要是指在着装后构成的一种状态。它包括了它所表达的人的社会地位、民族习惯、所在区域的风土人情以及人的修养、趣味等因素。所以不能孤立地以衣物的好与坏来评价人在着装之后的美与丑。必须从整体综合的角度来考虑和体现各因素和谐一致，做到得体、入时、从俗。

适体，就是追求服饰与人体比例的协调和谐。服饰是美化人体的艺术，服饰只有与人体相结合，使服饰的色彩、式样、比例等均适合人体本身的"高、矮、胖、瘦"，才能把服饰与人体融为有机统一的整体。因此，过肥或过紧的衣衫、过小或过大的裤腿、过高的"高跟鞋"以及不得当的颜色搭配等，都会扭曲人的形象。

入时，就是追求服饰和自然界的协调和谐。人与自然相适应，有春夏秋冬、风雨阴晴的不同服饰；根据四季的变化穿着衣物，不但很合时宜，而且还可保证人体健康。一般来说，冬天衣服的质地应厚实一点，保暖性强一点，如羊毛料等；而春秋衣服的质地则应单薄些。可以设想，一个人在寒冷的天气穿着单薄，浑身颤抖；在炎热的天气里穿着厚实，满头大汗地出现在交际场所时的那种难堪模样。

从俗，就是追求服饰与社会生活环境、民情习俗的协调和谐。应努力使服饰体现出新时代的新风貌和特征，各民族的不同习俗和特色，各种场合的不同气氛和特点。

选择什么样的服饰，能够在很大程度上体现出穿着者的个性。在服饰整体统一要求中，追求个性美，可以说是现代生活的一大趋势。

个性特征原则要求着装适应自身形体、年龄、职业等特点，扬长避短，并在此基础上创造和保持自己独有的风格，即在不违反礼仪规范的前提下，在某些方面可体现个性，切勿盲目追逐时髦。

三、如何选择你的着装

1. 男性

春季、秋季、冬季，男士最好穿正式的西装，西装的色调要用给人稳重感觉的深素色为主，如藏青色、蓝色、黑色、深灰色等。夏天要穿长袖衬衫，衬衫最好选择白色。系领带，领带应选用丝质的，领带图案可以根据自己的喜好选择，最好是单色的，它能够和各种西装及衬衫相配。单色为底，印有规则重复的小型图案的领带，格调高雅，也可用。斜条纹的领带能表现你的精明。领带在胸前的长度以达到皮带扣为好。如果一定要用领带夹，应夹在衬衫第三和第四个扣子中间的位置。不要穿短袖衬衫或休闲衬衫。

要穿深色的袜子、黑色的皮鞋。皮带要和西装相配，一般选用黑色。皮鞋、皮带、皮包颜色一致，一般为黑色。眼镜要和自己的脸型相配。镜片擦拭干净。如果选用钢笔一定不要插在西装上衣的口袋里，西装上衣的口袋是起装饰作用的。

2. 女性

要穿简洁、大方、合体的套装，裙子不宜太长，这样显得不利落，但是也不宜穿太短、紧身的服装，过分时髦和暴露的服装都不适合登台发言，春秋的套装可用较厚实的面料，夏季用真丝等轻薄的面料。衣服的质地不要太薄、太透，薄和透有不踏实、不庄重的感觉。色彩要表现出青春、典雅的格调。用颜色表现你的品位和气质。不宜穿抢眼的颜色。

丝袜一定要穿，以透明近似肤色的颜色最好。要随时检查是否有脱线和破损情况。穿式样简单、没有过多装饰的皮鞋，后跟不宜太高，颜色和套装的颜色一致，如果你不知道如何配色，最简单的办法就是穿黑色的皮鞋。

3. 服装的色彩搭配

不同的色彩有着不同的象征意义：暖色调——红色象征热烈、活泼、兴奋、富有激情；黄色象征明快、鼓舞、希望、富有朝气；橙色象征开朗、欣喜、活跃。冷色调——黑色象征沉稳、庄重、冷漠、富有神秘感；蓝色象征深远、沉静、安详、清爽、自信而幽远。中间色——黄绿色象征安详、活泼、幼嫩；红紫色象征明艳、夺目；紫色象征华丽、高贵。过渡色——粉色象征活泼、年轻、明丽而娇美；白色象征朴素、高雅、明亮、纯洁；淡绿色象征生命、鲜嫩、愉快和青春等。

4. 色彩搭配原则和方法

服装的色彩是着装成功的重要因素。服装配色以"整体协调"为基本准则。

全身着装颜色搭配最好不超过三种颜色，而且以一种颜色为主色调，颜色太多则显得乱而无序，不协调。灰、黑、白三种颜色在服装配色中占有重要位置，几乎可以和任何颜色相配并且都很合适。

着装配色和谐的几种比较保险的办法：一是上下装同色——穿套装，以饰物点缀；二是同色系配色。利用同色系中深浅、明暗度不同的颜色搭配，整体效果比较协调。

年轻人着上深下浅的服装，显得活泼、飘逸、富有青春气息。中老年人采用上浅下深的搭配，给人以稳重、沉着的印象。

同一件外套服装，利用衬衣的样式与颜色的变化与之相衬托，会表现出不同的独特风格，能以简单的打扮发挥理想的效果，本身就说明着装人内在的充实与修养。利用衬衣与外套搭配应注意衬衣颜色不能与外套相同，明暗度、深浅程度应有明显的对比。

着装配色要遵守的一条重要原则，就是根据个人的肤色、年龄、体形选择颜色。

肤色黑，不宜着颜色过深或过浅的服装，而应选用与肤色对比不明显的粉红色、蓝绿色，最忌用色泽明亮的黄橙色或色调极暗的褐色、黑紫色等。

皮肤发黄的人，不宜选用半黄色、土黄色、灰色的服装，否则会显得精神不振和无精打采。脸色苍白不宜着绿色服装，否则会使脸色更显病态。而肤色红润、粉白，穿绿色服装效果会很好。白色衣服任何肤色效果都不错，因为白色的反光会使人显得神采奕奕。体形瘦小的人适合穿色彩明亮度高的浅色服装，这样显得丰满。而体形肥胖的人用明亮度低的深颜色则显得苗条等。大多数人体形、肤色属中间混合型，所以颜色搭配没有绝对性的原则，重要的是在着装实践中找到最适合自己的搭配颜色。

四、如何搭配你的发型

大多数人关注一个人，目光首先的落点都是对方的头发。所以，注意保持头发的清洁，并修饰整齐。

发型不仅要符合美观、大方、整洁和方便生活、工作的总体原则，而且要与自己发质、脸型、体型、年龄、气质、服装以及环境等因素很好地结合起来，才能给人以整体美的形象。

就季节来说，春秋两季的发式可以自由活泼一些，而冬夏季的头发则由于受到气候因素的影响，需要格外注意。

夏天天气炎热，可留凉爽、舒畅的短发，如果是长发，则可以梳辫子或将头发盘起。由于多数人夏天面部油脂分泌都很旺盛，而额前的头发过多往往容易使热量不便于散发，反过来更加使得面部油光光的。因此，夏季的发型一定要考虑前额、两颊的头发不能留得过多，应尽量把头发向后向内梳理。同时，搭配一个浅色的上衣领，能够把脸部衬托得光亮鲜活一些。

冬天人们的衣着较厚，衣领高，留长发既美观又保暖。在冬季较爱刮风的地方，参加演讲前最好用帽子、头巾或者干脆用发带把头发绑起来，等到达演讲地点前，利用上卫生间的机会将头发理顺。

女性如果再在头发的适当部位装饰花色款式、质地适合的发夹、发带或头花等饰物，会对整体美起到"画龙点睛"的作用，从而增添无限魅力和风韵。但要注意饰物不可过多，色彩也不能过于光亮耀眼，形成堆砌，否则会给人一种俗气的感觉，反而失去自然美。

男性的发型也要体现出一个人的性格、修养和气质。短发型可以体现男性朝气蓬勃的精神面貌，具体来看，寸发适合于头型较好，面部饱满的男性；前额较宽的人应该梳"三七开"的分头，以便更多的头发能够遮盖前额；选择"四六开"或"中分"发型的男性面部一般都不会过长。

注意发言的姿态

发言的姿态，是发言人的重要辅助工具，帮助发言人加强讲话的效果，对听众有重要的引导作用。

一、手势的配合

手势是人们发言态势的主要形式。借助手势说话的关键在于"助"，它既不同于烘托语，可代替讲话，又不同于演节目，可以用手势演出情节。

手势有两大作用，一能表示形象，二能表达感情。许多演说家的手势独显其妙。

恰当的手势不仅有助于表达情感，而且有很大的包容性，往往是"无声胜有声"。

论辩，尤其是赛场论辩与法庭论辩时，手势运用能构成论辩者丰富多彩的主体形象，使表达富有感染力量。自然的手势，可以帮助表达者平静地说明问题；有力的手势，可以帮助表达者升华感情；含蓄的手势，可以帮助表达者表明心迹。

林肯在做律师时的老朋友赫恩登曾回忆林肯在进行法庭论辩时的表现："他对听众恳切地发表讲话时，那瘦长的右手指自然地充满着动人的力量，一切思想情绪完全贯注在那里。为了表现亢奋的情绪，他双臂呈 50 度角，手掌向上，好像已抓住了他渴望的喜悦。讲到痛心处，如痛斥奴隶制时，他更紧握双拳，在空中用力挥动。"

手势语"词汇"丰富，千变万化，没有固定的模式。作为一个出色的发言人，平时要认真观察生活，刻苦训练，积极实践。下面介绍一些常用的手势：

（1）拇指式。竖起大拇指，其余四指自然弯曲，表示强大、肯定、赞美、第一等意。

（2）小指式。竖起小指，其余四指弯曲合拢，表示精细、微小或蔑视对方。

（3）食指式。食指伸出，其余四指弯曲并拢。用来指称人物、事物、方向，或者表示观点甚至表示肯定。胳膊向上伸直，食指向空中则表示强调，也可以表示数字"一""十""百""千""万"……食指弯曲表示九、九十、九百……齐肩画线表示直线，在空中划弧线表示弧形。

（4）食指、中指并用式。食指、中指伸直分开，其余三指弯曲，这一手势一般表示二、二十、二百……在一些欧美国家与非洲国家表示胜利的含义。

（5）拇指、食指并用式。拇指、食指分开伸出，其余三指弯曲表示八、八十、八百，如果并拢表示肯定、赞赏之意；如果二者弯曲靠拢但未接触，则表示"微小""精细"之意。

（6）拇指、食指、中指并用式。三指相捏向前表示"这""这些"，用力一点表示强调。

（7）仰手式。掌心向上，拇指自然张开，其余弯曲，这一手势因区域不同，而意义有别：手部抬高表示"赞美""欢欣""希望"之意；平放是"乞求""请施舍"之意；手部放低表示无可奈何，很坦诚。

（8）俯手式。掌心向下，其余状态同仰手式，这是审慎的提醒手势，同时表示反对、否定之意；有时表示安慰、许可之意。

（9）手切式。五指并拢、手掌挺直，像一把斧子用力劈下，表示果断、坚决、排除之意。

（10）手啄式。五指并拢呈簸箕形，指尖向前，表示提醒注意之意，有很强的针对性、指向性，并带有一定的挑衅意味。

（11）挥手式。手举过头挥动，表示兴奋、致意；双手同时挥动表示热情致意。

（12）掌分式。双手自然撑掌，用力分开。掌心向上表示"开展""行动起来"等意；掌心向下表示"排除""取缔"等意；平行伸手则表示"面积""平面"等意。

（13）拳举式。单手或双手握拳，平举胸前，表示示威、报复；高举过肩或挥动或直锤或斜击，表示愤怒、呐喊。

（14）拳击式。双手握拳在胸前做撞击动作，表示事物间的矛盾冲突。

（15）拍肩式。用手指拍肩击膀，表示担负工作、责任和使命的意思。

（16）颤手式。单手或双手颤动，必须与其他手势配合才表示一个明确的含义。

手势语言是人类在漫长进化历程中最早使用的一种交际工具。在原始社会里，先民们主要是依靠手势语言进行交际的。而后，人类社会出现了有声语言和文字，手势语言才降为对有声语言辅助、补充的从属地位。

在各种交际场合，遇到了相识的人，如距离较远，一般可举手招呼，也可点头致意，还可脱帽致意；遇到不熟悉的朋友，可点头或微笑致意；送别客人或朋友时，可举手致意，或挥手致意，也可挥手帕致意，或挥动帽子致意。手的挥动幅度越大，表达的感情也就越强烈。此外，一般场合都需要握手，这也是平日运用得最多的一种手势语言，它承载着丰富、深邃而微妙的信息。一般来说，上级与下级、长辈与晚辈、女性与男性、主人与宾客之间，应由上级、长辈、女性、主人先伸出右手，下级、晚辈、男性、宾客才能伸出右手与之相握。握手力度要均匀适中，这是礼貌、热情、友善和诚恳的表示；握手用力太轻，会被认为是冷淡、不够热情，用力太重又会显得粗鲁无礼。

二、用眼睛表达自己

心理学研究表明，在人的各种感觉器官可获得的信息总量中，眼睛要占80%以上。人内心的隐秘，胸中的冲突，总是自觉不自觉地在不断变幻的眼神中流露出来，它犹如一面聚焦镜，凝聚着一个人的神韵气质。泰戈尔说："一旦学会了眼睛的语言，表情的变化将是无穷无尽的。"

高尔基在回忆列宁的演讲时写道："在他脸上，一双锐利的眼睛在闪闪发光，表现出一个不屈不挠的战士对谎言的反对以及对生活的忠实，他那双眯缝着的眼睛在燃烧着，使着眼色，微笑着，闪烁着愤怒。这双眼睛的光泽使得他的演讲更加热烈、更加清晰，有时仿佛是他精神上有一种不可战胜的力量，从他的眼睛里喷射出来，那内容丰富的话语在空中闪光。"当代演讲家彭清一演讲时，总是以自己的亲身体验现身说法，把饱满的热情淋漓尽致地"写"在眼里，其眼窝、眼睑、虹膜和瞳孔组成一台完整的戏。

刘鹗在他的小说《老残游记》中有一段关于艺人王小玉上台说唱的描写："……她将鼓槌子轻轻地点了两下，方抬起头来，向台下一盼。那双眼睛如秋水、如寒星、如白水银里头裹着两丸黑水银，左右一顾，连那坐在远远墙角里的人都觉得她看见自己了。那坐得近的，更不必说。她的眼神的意思是：我已经注意到各位了。"

这眼神奇妙绝伦，就像无声的问候和命令，比高叫一声"请大家安静"更起作用。

眼神是运用眼的神态和神采来表达感情、传递信息的无声语言。在面部表情中，最生动、最复杂、最微妙，也最富有表现力。眼睛是心灵的窗户，最能倾诉感情、沟通心灵。眼神千变万化，表露着人们丰富多彩的内心世界。正如苏联作家费定的小说《初欢》中所描写的那样："……眼睛会发光，会发火花，会变得像雾一样暗淡，会变成模糊的乳状，会展开无底的深渊，会像火花和枪弹一样投射，会质问、会拒绝、会取、会予、会表示恋恋之意……"眼睛所传达的情感，远比人类的语言来得丰富。

在与人交谈中，正视对方，表明对对方的尊重；斜视对方，表明对对方的蔑视；看的次数多，表明对对方的好感和重视；看的次数很少或不屑一顾，表明对对方的反感和轻视；眼睛眨动的次数多，表示喜悦和欢快，也可表示疑问或生气；眼睛眨动的次数少甚至凝视不动，表示惊奇、恐惧和忧伤；如果不敢直视对方，也可能是因为害羞，可能有什么事不愿让对方知道；如果怀有敌意的双方互相紧盯着，其中一方突然把眼光移向别处，则意味着退缩和胆怯；如果谈判时有一方不停地转动着眼球；就要提防他打什么别的主意；如果是频繁而急促地眨眼，也许是表示羞愧、内疚，但也可能表明他在撒谎……

　　配合着眉毛的变化，眉目传情意义更广泛。欢乐时眉飞色舞；忧愁时双眉紧锁；愤怒时横眉怒目；顺从时低眉顺眼；戏谑时挤眉弄眼；畅快时扬眉吐气等。

　　发言时目光语最主要的是强调眼神的运用。一般来说，不同的眼神表达着不同的情感。目光明澈表现胸怀坦荡；目光狡黠表现心术不正；目光炯炯表现精神焕发；目光如豆表现心胸狭窄；目光执着表示志向高远；目光浮动表现轻薄浅陋；目光睿智表现聪明机敏；目光呆滞表现心事重重；目光坚毅表示自强自信；目光衰颓表示自暴自弃。除此之外，故弄玄虚的眼神乃是高傲自大的反映；神秘莫测的眼神则是城府极深的反映；似宝剑出鞘咄咄逼人的目光是正派敏锐的写照；如蛇蝎蛰伏灰冷阴暗的目光是邪恶刁钻的写照。坦诚者目光像一泓清泉，悠然见底；典雅者目光似云雾初开，林鸟相逐；俊秀者目光如玉，珠胎含月；妖媚者目光似春花始香，夏梅初笑；豪放者目光如风云波浪，海天苍茫……

　　眼神的表达丰富多彩。有诗人描述说："眼睛是心灵的窗户，不会隐藏更不会说谎。"得体地运用眼神会令你的演讲增添光彩。

在登台发言中，让眼睛说话，就需要注意以下几点：

（1）以明亮有神、热情友善、充满智慧的眼神，向听众表明你的坦诚、灵活、自信和修养，给出良好的第一印象。

（2）用眼神的变化表达自己内在的丰富感情。

（3）三种视线交替使用。三种视线分别是指环顾的视线、专注的视线、模糊的视线。环顾的视线，可以照顾全场，关心每一位听众，增强听众的"参与感"，表明发言人是同所有听众交谈；专注的视线，就如同进行"典型调查"，把握听众的心理，可以用来启发引导听众，或者赞扬、鼓励听众，或者制止个别听众的骚动，调整、控制会场；模糊的视线，可以向听众表现演讲者在认真思考，加强话语的价值，也可以借此为视线变化的过渡，稳定自己激动的情绪，同时向听众表明自己有较好的经验与修养。

三、调整体姿

通过人的身体姿态传递信息，在当今社会，不仅是"修身养性"的基本要求，还是用来显示仪表、传递信息的重要体态语言。

在社会交际中，雅俗的表现与显露，姿势是一个衡量的重要标志。姿势在礼节上是一种文明修养的表现，也是一个人良好素质的反映。优美的姿势联系着一个人的心灵，可以说是心灵舞姿的外化。形体动作的词汇是非常丰富的，它不仅可以传情达意，更可透露一个人的内心。不同的姿势可以反映一个人特定条件下的心境，通过姿势可以准确地窥测其心灵的俗与雅。

姿势是雅俗表现与显露的必要标尺，人的身体的每一个姿势变化通常都反映了交际者的文明程度。比如，社会交往中，步伐矫健、轻松敏捷，能让人感到年轻、健康和精神焕发；步伐稳健，端正有力，给人以庄重、沉着和自信的印象；步履蹒跚，弯腰弓背，垂首无神，摇头晃膀，往往给人以丑陋庸俗、无知浅薄或是精神压抑的印象。又比如，交谈时高跷二郎腿，随心所欲地搔痒，习惯性地抖腿，或是将两手夹在大腿中间和垫在大腿下，或是撒开两腿呈现"大"字形，或有女性在场时，半躺半坐、歪歪斜斜地瘫在座椅上，都是失礼且不雅观的，会给人留下缺乏教养、散漫不羁的不良印象。

体姿对一个人整体型象的塑造有着很重要的作用。人的体姿与人的相貌有同等的重要性，共同显示出一个人的气质和风度。如果"站无站相""坐无坐相"，即使相貌再漂亮也会大打折扣。外表相貌是天生的，而体姿可以通过后天的训练向理想姿态转变。

体姿语由两部分组成。一是指说话双方的空间距离，二是指各种不同的身体姿势。体姿语运用的总体要求是准确、适度、自然、得体、和谐、统一。

首先，准确、适度。所谓的准确、适度，就是要根据说话内容、说话环境、说话对象、说话目的的需要，准确恰当地运用。

其次，自然、得体。就是要求体姿语的运用不故作姿态，要适合自己的身份和交际场合。无论是从审美的角度，还是从表达功能的角度，体姿语的运用都要自然、得体，做到既符合审美的原则，给人以美感，又符合特定的情况。

再次，和谐、统一。包括两个方面：一是体姿语言和有声语言配合统一，才能准确地表达自己的思想感情和愿望。二是各种体姿语言要一致而协调。

"坐如钟，站如松，行如风"，这是古人提出的姿势范式。在社会交际中，对姿势的基本要求是：秀雅合适、端庄稳重、自然得体、优美大方。

入座时，应轻、缓、稳，动作协调柔和，神态从容自如。人应走到椅子前，转身背对椅子平稳坐下，若离椅子较远，可用右脚向后移半步落座。女子入座尤其要娴雅、文静、柔美，若穿裙子则应注意收好裙脚。一般应从椅子左边入座，起身时也应从椅子左边站立，这是一种礼貌。如要挪动椅子的位置，应当先把椅子移到欲就座处，然后坐下去。坐在椅子上移动位置，是有违社交礼仪的。

落座后，应双目平视，嘴唇微闭，面带微笑，挺胸收腹，腰部挺起，重心垂直向下，双肩平正放松，上身微向前倾，手自然放在双膝上，双膝要并拢。亦可双脚一脚稍前，一脚稍后。两臂曲放在桌子上或沙发两侧的扶手上，掌心向下。坐椅子时，一般只坐满2/3，脊背轻靠椅背。端坐时间过长，可以将身体略为倾斜，双腿交叉，足部重叠，脚尖朝下，斜放一侧，双手互叠或互握，放在膝上。若是着西装裙的女子，最好不要交叉两脚，而是并靠两脚，向左或向右一方稍倾斜放置。起立时，右脚先向后收半步，然后站起。

站立时，应头正颈直，双眼平视，嘴唇微闭，下颌微收，挺胸直腰，上体自然挺拔，双肩保持水平，两臂自然下垂，手指并拢自然微屈，双手中指压裤缝，腿膝伸直，脚跟并拢，两脚尖张开夹角45度，身体重心落在两脚之间。男女的立姿略有不同。男子站立时身体重心放在两脚中间，不要偏左或偏右；双脚与肩同宽而立；手可自然下垂，向体前交叉或背后交叉也可以。女子站立时身体重心在两足中间脚弓前端位置，双脚呈倒"八"字站立；手自然下垂或向前向后交叉放置。

站立后，竖看要有直立感，即以鼻子为中线的人体应大体成直线；横看要有开阔感，即肢体及身段应给人以舒展的感觉；侧看要有垂直感，即从耳与颈相接处至脚的踝骨前侧亦应大体成直线，给人一种挺、直、高的美感。

行走时，应昂首挺胸，收腹直腰，两眼平视，肩平不摇，双臂自然前后摆动，脚尖微向外或向正前方伸出，行走时脚跟成一条直线。起步时身体微向前倾，身体重量落于前脚掌，行走中身体的重心要随着移动的脚步不断向前过渡，不要让重心停留在后脚，并注意在前脚着地和后脚离地时伸直膝部；迈出每一步都应从胸腔开始向前移动，而不是腿独自伸向前。

人的形体在运动中构成种种姿势，良好的姿势形成优美的仪态。英国哲学家培根认为，相貌的美高于色泽的美，而秀雅合适的动作的美，又高于相貌的美，这是美的精华。

胆子是练出来的

胆量不会与生俱来，也不会从天而降，就像庄稼需要施肥、道路需要整修，它也需要不断磨炼。有人曾对丘吉尔的口才进行各种分析，他的儿子却一语中的："我的父亲把自己一生中最宝贵的年华都用在写演讲稿和背诵演讲稿上了。"

世界上没有天生的演说家！毫无疑问，丘吉尔被誉为"世纪的演说家"是当之无愧的，但人们可能忘了，他原先讲话结巴、口齿不清，根本就不是当演说家的材料。他本人身高五英尺半左右（约1.65米），没有堂堂的仪表和风度，他那难听的叫喊声又不像道格拉斯·麦克阿瑟或是马丁·路德·金的嗓音那样洪亮。丘吉尔没有接受过大学教育，他曾经在下议院的一次演讲中，讲了一半便垮下来了……然而，他并不为此而自卑，并没有从此一蹶不振，认为自己就不是这块料。在多次的主动练习后，经验和胆量都大大增加的他终于成了举世皆知的雄辩的演说家。

英国的现代主义戏剧家萧伯纳才华杰出，并且以幽默的演讲才能著称于世，显示了渊博的知识、深邃的思想。但是，他年轻时却胆子很小，羞于见人。初到伦敦，上朋友家做客，总是先在人家门前忐忑不安地徘徊良久，不敢直接去按门铃。有一次，一位朋友邀请他参加一个学会的辩论会，他在会上怀着一颗忐忑不安的心站了起来，做出了有生以来的第一次公开演讲。当他讲完时，迎接他的不是掌声，而是喝倒彩和讥笑。这次下来，萧伯纳感到自己蒙受了莫大的耻辱。但是，萧伯纳并没有从此不在公开场合演讲，而是化自卑为动力，化弱点为优势，鼓足勇气，面对挑战。他越挫越勇，拿出超人的毅力，参加了许多社团辩论，并且在社团辩论中总是参与发言，据理力争。他每星期都找机会当众公开演讲，在市场、在教堂、在公园、在码头，无论是面对成千上万的听众还是寥寥无几的听众，都慷慨陈词。终于，萧伯纳成了一名世界级的演说家。

面对陌生的事物或人，我们总是很容易退缩、害怕，想要让自己大胆表达，最好的方法就是让自己习惯开口说话，怎么样让自己习惯开口说话呢？在任何场合，你都应该积极把握或创造与人交谈的机会，试着与他人闲聊、寒暄、攀谈，说话的次数多了，自然也就成了习惯，胆怯就会逐渐消失。

成功的推销员、演说家并非一开始就对说话习以为常，无所畏惧。一名成功的推销员很可能在历经多次失败之后才建立起说话的勇气，著名的演说家也是从无数次演说经验中才掌握演讲的技巧，才能赢得满堂彩。第一次的尝试总是比较艰难，但是一回生、二回熟，熟悉之后就能泰然处之，游刃有余。

有时候，有的人在单位里见到同事，竟然低头不语，装作没看见，自顾自地走过去。乍看起来，似乎觉得这种人很没有礼貌。其实不然，他们并不是高傲不理人，而是害羞、胆小，连很普通的招呼都不知道该怎么打，也不喜欢有事没事都露出一脸微笑，所以，见人只好假装没看见。像这种没有表情的人，除了可以和三四个密友谈天说笑之外，面对其他的人，就不知道该说些什么，无法与不熟悉的人自如畅谈。

所以，为了使我们的说话胆量得到提高，为了使自己能成为一名具有较好口才的人，我们在与他人说话时，要设法创造一种轻松和谐的气氛。

热情是这种气氛所必不可少的元素。你最好钻出自己的壳，热情主动地与人交往，不要使冰霜结在你的脸上。要把冰霜融化掉，方法是说些有趣的事。热情的力量会帮助你营造一种愉快气氛，并且使它有人情味儿。

我们现在所处的社会，是高度民主的社会，再怎么有名的大人物，也跟我们一样是人。我们应该对他们表示敬意，但却不必感到畏缩、恐慌。只要把他们当成自己的亲戚或师长，自然地与之进行对话，就可以了。我们说话的时候，不必害怕或紧张，应该泰然自若，以尊敬而明朗愉快的语调，和知名人士交谈。这样就可以营造出一种轻松和谐的气氛了。

真诚没有训练技巧

戴尔·卡耐基在他的著作《口才训练术》一书中写下这样一件事：

一年夏天，我到阿尔卑斯山脉的避暑胜地——莫林小住，我住的宾馆是伦敦一家公司经营的，他们每周要从英国派来两位演说者，为住店的旅客办讲座。其中有一位著名的女作家，她演说的主题是"小说的未来"。由于她根本没有充分发挥，因而没能很好地表情达意。她虽然站在听众面前，却对听众的目光视而不见，不把听众放在眼里，也不与听众交流感情，而是时而望前方，时而看地板，又看手中的纸条。她的声音和视线，使你感觉不到她在面对着一群人讲话，而是对着虚拟的空间演说。

这种心不在焉的态度当然不能获得满意的效果。其实你该像和朋友促膝交谈一样自然、真诚地交流，和听众产生感情交流，让他们与你产生共鸣，同喜同乐，同苦同悲。否则，若像这位作家一样进行演说，那么面对听众还不如面对没有生命的大沙漠。

和听众交流感情的前提是你必须坦率真诚。过去有许多关于演讲的书都没有重视这一点，这些书往往只注重演讲的规则及形式，认为懂得了这些就能出色地演讲，就能当演说家，因此有的人甚至去背诵雄辩家的演说词。其实，这是低效率的方法，毫无实际效果，更无技巧可言。

较新式的说话训练与以前曾流行一时的夸张式演说不同。因为现代听众能接受并欣赏的演讲者，是那些面对许多听众发表讲话就像和普通人交谈一样坦率、自然而且充满生机与活力的人。所以这种说话训练受到了人们的喜爱。

有一次，马克·吐温在内华达州发表演说之后，有一位年老的瓷器工程师问他："你每次都能这样自然地雄辩吗？"这句话道出了听众对演讲者的要求，自然的雄辩加以引申，就能说出听众想说的话，与他们产生共鸣。

练习是使自然的雄辩加以引申的唯一途径。在练习过程中，你如果发现自己正在以夸张的语气说话，就应该立即停止练习，并严格地审视并反省：

"怎么能这样子呢？你应当清醒，要说得坦率且自然。"然后，在你的听众中找出最不专心听讲的，只对他发言，暂时把其他人忘掉，设想他在向你问话，你也正在回答他的话，并且想"只有我才能回答他的话"。经过这样多次训练后，听众中即使真的有人站起来提问，你也能立即自然地做出回答。你还可以利用自问自答来训练讲话的技巧。比如："也许各位听众会怀疑，你所说的话有什么证据呢？我们为什么要相信你所说的话？""有的，的确只有证据才能让你们相信，这就是……"经过这样多次训练就会使你的讲话非常自然，而不会让人觉得你是在背台词，并且能使单调、贫乏的演说趋于生动、具体、和谐。

例如，一位英国演讲者讲话的题目为《原子与世界》。他对原子的研究已达半个多世纪，他很想把自己的感想和知识，清晰地传达给听众，他忘记了自己是在演讲，而只是想通过自己热情的话语，让听众更了解原子，让听众感觉到他自己所感觉到的事。最后，这位演讲者获得了极大的成功。他的演讲充满了无穷的魅力和强大的说服力，博得听众的阵阵喝彩，可以说他是一位具有天赋的演讲者。然而他并没有炫耀自己是一位演说家，听众也不这样认为，他们之间已自然地水乳交融了。

一、消除紧张情绪

在登台发言训练过程中，必须处处留意自己，使自己"像一个无忧无虑的小孩那样无拘无束地表现自己"。做到说话自然，热情而不矫揉造作，平和易懂而又不呆板。为了使训练效果更佳，你应该想象自己身临其境，面对观众听众。只有坚持做这样的练习，你才能消除发言时的紧张，到最后发言时，你便可做到"被人偷袭也能立刻还击"，而且自然得近乎"条件反射性"地说话。

二、秉持本色

世界上从来没有两个完全相同的人。每个人都有其各自独特的个性，这种个性使你与其他人不同，也是你赖以生存的条件。

说话也是这样。当你面对听众时，你应该尽量表现自己独特的个性。一个富于健康个性的发言人，才会受到听众的欢迎。

第三章 ▷

内容的设计策略，让你的
发言内容更有说服力

发言前先列好大纲

我们都知道，演讲是一门艺术。好的演讲能激发听众情绪、赢得听众的好感，而登台发言比讲话难得多，发言人若希望发言真正起到打动人心的作用，就要做到登台发言时思想丰富、深刻，见解精辟，有独到之处，发人深思，语言表达要形象、生动，富有感染力。事实上，任何一个发言高手都知道在登台发言前要做足准备工作，其中重要的一点就是一定要在头脑中列好发言的大纲和框架，因为他们明白，如果发言时语言平淡无味，观点毫无新意，即使在现场"演"得再卖力，效果也不会好，甚至相反。

不难理解，列发言的大纲和框架，指的就是预先对讲话进行总体设计，是对讲话方式、过程、意图等进行的架构。我们先来看看下面的故事：

杨先生今年 30 岁，最近，他刚刚升职了——被提拔为商场的楼层主管，升职的第一天，公司领导交给他的第一个任务是：做一次就职发言。这对于学历不高、木讷的杨先生来说可是个难题，他花了将近十天的时间，来准备这次发言。他写了很多讲稿，但是最后，他为了打动听众，决定大胆发言，所以，这一天，他走上公司的会议大厅，对所有同事和领导说：

"尊敬的各位领导、各位同仁！虽然我到 ×× 的时间不长，但在这简短的半个月里，我已深深地感受到 ×× 这个大家庭的温暖，看到了 ×× 的发展前景。我也坚信我能做好这份工作，感谢公司给了我这样一个实现自我价值的舞台，在未来的日子里，我将继续努力，在工作岗位上更加努力地工作，更加刻苦学习，做一个合格的 ××

人。假如大家相信我、信任我，能够给我一次机会，我将在新的岗位上勤勤恳恳工作，认认真真做事，不辜负领导和同志们的希望和重托，将自己的每一份光和热都融入到 ×× 的事业中去，脚踏实地地干出一番事业。

最后，我希望，能用你们的信任和我的努力作支撑，共铸 ×× 商场明天的辉煌！谢谢大家！"

这番发言里，表达了一个职场新人对做好未来工作的坚定决心，可谓至真至诚，自然能打动人心，获得同事和领导的支持。

那么，具体来说，我们该如何构思发言的环节和内容呢？这需要我们从三个方面努力：

1. 整体内容的构思

要做到构思，首先就要从整体把握。这就要求我们根据讲话的目的和场景，确定发言的主题，并搜罗那些能验证我们观点的材料。在构思的过程中，对材料进行分析与加工。你要确定哪些材料可以用，哪些不可用，以及哪些在加工后才能用，从而使自己发言的主题建立在充分证据的基础上。这样不但会让讲话内容更充实，也会让自己在讲话时心境更放松，更有自信。

2. 对发言的结构与过程进行构思

一场好的发言，在结构上必定是气势磅礴的，也就是说，好的形式很重要，而内容只是其中一个方面而已，同时我们也发现，即便是一模一样的说话内容，在被不同的发言人讲出来之后，所产生的效果也是差之千里的，这是为什么呢？

就是因为他们处理发言结构的方式不同。一场绝妙的登台发言包括开场白、中间部分和收尾，人们常常将这三个部分形象地描述为"凤头、猪肚、豹尾"的式样。

在构思这三个部分时，你需要注意的是，对于第一部分，你不可操之过急，而应该先将听众的注意力吸引过来，然后再展开内容，这一部分要求语言设计巧妙，有吸引人的强烈效果。中间部分则应该层层递进，不断制造高潮，控制听众的思绪，同时语言要充实、舒展，能将要表达的内容完整准确地表达出来。结尾部分则应该用简洁有力的话语迅速收住，不拖泥带水。

3. 关键环节的构思

发言要引人入胜，还必须巧妙设计一些关键环节。那么，什么是关键环节呢？要么是对观众兴趣的激扬，要么是对话语内容的强调。幽默、悬念、流辩等话语，是能够让观众高兴、为观众提神的话语，这类话语在整个发言进程中合理布局，可以让观众处于持续的兴奋状态，是激扬兴趣的关键点。而需要观众认真去听的某些内容，则可以通过重音，通过敲击声，通过向观众提问来提醒大家注意。

总之，登台发言是否进行认真的构思，是否列好框架和大纲，将直接影响发言的水平与效果。脉络清晰、构思详细准确，讲话将更流畅、更充实，否则难免在脱稿讲话中出现各种纰漏。

做好发言的九个步骤

中国人常说"磨刀不误砍柴工""工欲善其事，必先利其器"，做任何事，有备才能无患，登台发言也是如此，在现实中，很多场合下的讲话都是经过精心准备的，比如开会时的侃侃而谈，之前都会在准备上下一番功夫。

有人曾问美国第二十八任总统伍德罗·威尔逊："准备一份十

分钟的讲稿，得花多少时间？"他回答："两个礼拜。""那准备一小时的演讲稿呢？""一个礼拜。""如果准备两小时的讲稿呢？""不用准备，马上就可以讲。"因此，登台发言中，要做到内容上的高度凝练，我们就要认真思考，做足准备。具体来说，我们在登台发言前，需要遵循"九个步骤"：

第一步：明确目的。

登台发言的目的一定要明确，否则容易被听众误解。你的发言目的必须要在主题中体现出来，而不要让听众猜测你究竟在说些什么。

第二步：分析听众。

常言道："知己知彼，百战不殆。"了解听众是做好发言的前提，不仅要了解听众的爱好、职业、年龄、文化程度和意愿等，也要知道他们是主动来听还是被动来听。

第三步：收集材料。

一旦确定了发言的主题，了解了听众的相关情况后，接下来就是要收集足够多的资料作为你的讲话素材。收集材料的方法有很多，实地调查、阅读书籍或者网络，都可以成为资料收集的方式，记住，收集资料越丰富越好。

第四步：概括观点。

观点通常是一句或者几句简短的话，因此在表达观点时必须用尽可能短的句式概括出来，无论是发言的题目还是一些分论点，尽量不要烦琐，力求简洁明了。

第五步：列出提纲。

提纲是整个登台发言的灵魂。无论是带稿还是脱稿，都需要提纲，不同的是，登台发言的提纲越精炼越好。也就是说，对于你的演说目的，你可以分成几个层次，按照一定的内在逻辑关系进行组织和排列，这能让我们的讲话更令人信服。

第六步：添加论据。

对于我们手头已经收集到的资料，要根据自己讲话的目的进行筛选，服务于登台发言，使我们的语言形象鲜明、有深度和广度，更有说服力。

第七步：设计好开场白。

发言的开头，在通篇发言中处于特殊位置。好的开头，是成功的演说的一半，能为全篇发言定下基调是庄重严肃，还是喜庆欢快，抑或诙谐幽默。

第八步：准备好必需的展示物。

这样做的目的是为了让听众更好地理解我们说的话，以此加深听众的理解，但我们需要明白的是，展示物不是非要不可。

第九步：控制好时间。

登台发言是无讲话稿约束和限制的，这很容易使发言人陷入侃侃而谈而忽视时间的境地，为此，我们在做准备工作时要有时间概念。

如果你要陈述的部分很多的话，那么，最好的办法是在发言结束的时候再做一个简单的概括。

发言资料的收集

一、收集资料的原则

收集材料不是一个茫然混乱的过程，我们要知道自己的发言稿需要什么样的资料。如果我们不分青红皂白，只是广泛地将我们能看到的信息都收集起来，虽然这让我们得到大量的资料，但是这些繁重的资料会增加我们的整理数量，增加我们的劳动量，所以有逻辑、有计划地收集资料才能更好地完成演讲。

1. 选择充分的材料

所谓选择充分的材料就是尽可能多地把我们能够收集到的材料全部收集起来。这样我们既能纵向了解事物发生、发展的经过，又能横向了解事物各方面的联系。

在收集材料时，演讲者不但要收集赞同的声音作为论据的材料，对于那些反对的声音，与论点相悖的材料，也要大量地收集，材料越充分，思路就越开阔，论据就越充分，也就越能正确有力地阐明论点，产生令人信服的雄辩力量。特别是学术演讲，更要求论据充足，旁征博引。材料不足往往难以言之成理，很难达到预期的目标。

这就要求我们在更加了解所要演讲的内容的同时，丰富我们的知识。当发言人在面对听众的反对意见或刻意刁难时，有充足的材料和准备，自己才不至于哑口无言，闹出笑话。

2. 材料信息要真实可靠

我们说的真实可靠，是指我们的材料是有据可依的，是真人真事，是客观存在的、符合历史的。真实是选择材料的出发点，因为只有真实存在、发生过的事情才有说服力，才能够感动人，才最有利于人们形成坚定的信念。选择材料时，要选出最可靠的第一手材料，不能用捕风捉影、道听途说的材料，更不能无中生有、胡编乱造。只有真实的材料，才能取信于人。

3. 尽可能地选择具有代表性的材料

我们在收集材料时，有时能够收集到几十或者几百个材料，而通常发言时间只有几分钟，作为一名发言人，从众多的材料中选择合适的材料是最为重要的准备工作。真实具有可信度，新鲜具有吸引力；而典型则由于其深刻揭示事物本质，具有代表性。发言的目的在于说服人、鼓动人。

具有代表性的、典型的事例，在发言中可以使发言有较强的说服力、感染力和鼓动性，而平淡无奇和被多次引用的事例则会使听众产生厌倦的心理，使演讲失败。

典型材料与一般材料是相比较而言的。只有在充分掌握许多材料的基础上，有比较余地，才能分出高下。在与众多材料进行比较时，要发现典型材料，关键在于发言人的观察分析能力和思想认识水平。

（1）选择具体的材料

具体，是相对抽象笼统而言的。有些材料虽然真实、新鲜、典型，但由于详略处理不当，尽管讲清楚了来龙去脉，也使人感到"不够味""不解渴"。这恐怕就在于叙述太简略所致。出现这种情况的原因，对于事例性的感性材料来说，往往是忽视了对重点材料的必要渲染；从记叙的诸要素看，常常是对 Why（为什么）和 How（怎样）交代得不够。如果把 Why 和 How 的部分进行较为详细的阐述，做必要的渲染，就会显得具体，给人留下清晰的印象。比如"他带病坚持工作，最后累倒在车床旁"，给人的印象就较笼统。如果进一步把他为什么带病工作，怎样累倒的，累倒后又怎样，当时的现场怎么样等，做必要的交代和渲染，给人的印象就具体得多。

（2）定向收集材料

收集材料要把准方向，防止盲目性和随意性。生活千头万绪，书报浩如烟海，有限的时间和精力不容我们有见必记、有闻必录，这不仅没有必要也没有可能。我们必须把准方向，有计划、有针对性地收集。所谓把准方向就是围绕论题进行，根据论题划定的区域范围，按计划、有重点地工作。选择的论题要大小适中，不宜太窄，也不宜过宽。太窄，往往会漏掉与之相关的材料，使用时没有回旋余地；太宽往往难抓住主线和重点，造成内容臃肿，削弱和冲淡主题。例如，做一次主题为"岗位成才"的讲话，不妨把收集目标集中在下列方面：从名人先哲的著作中收集有关成才的论述及有关部分和整体关系的论述；从教育学和心理学的图书中收集有关成才理论和有关青年心理特点及其发展趋势的论述；从历史图书中收集有关青年在工作中立志成才的故事；从报刊和现实生活中收集，特别是收集本单位青年在本职岗位上所做贡献的先进事例等。确定了这样一个范围和方向，收集材料的过程就会顺利得多。

（3）选择新鲜的材料

新颖别致，是就听众的感觉而言的。新奇感是促使人们注意的心理因素。发言人立论高妙，讲话材料新鲜，就能较好地激起听众的好奇，引起注意。这对深化主旨、充实内容都有着十分重要的意义。鲁迅先生在这方面为我们树立了很好的榜样。他常借古讽今，十分生动，如《由中国女人的脚，推定中国人之非中庸，又由此推定孔夫子有胃病》的文章，运用了大量历史材料和现实材料，古今结合，使人感到新鲜、有趣。

（4）选择感人的材料

在现场活动中，要注意选取能提高听众兴趣和打动听众感情的材料。在现实生活中，许多感人的事情都是看似违背常理但又是在情理之中的。例如，有位发言人在发言时引用了一位老师上课老是请假跑厕所的事。这种事显然违背常理，令人发笑。可是，当你知道这位老师身患膀胱癌，长期尿血，直到他被抬上病床，大家才发现他揣了一大摞病假条却从不请假时，你会觉得看似违背常理的事情，其实却在情理之中。发言人用这件事来表现这位老师的高风亮节，十分生动感人。在现实生活中有许多这样的事例，关键在于要善于发现这种有违常理事例的特殊性。此外，演讲要感人，讲人们的奋斗经历，讲与听众切身利益相关的事。

二、查阅、研究资料和向他人求教

只有收集到丰富的资料，发言人才真正具有站在公众面前的勇气。讲话是向听众传达信息，如果你不能满足听众的需要，不能提供足够多的信息，那么你的发言一定不是好演讲。根据演讲查阅相关资料，找他人求教都是很好的办法。

1. 根据主题、场合查阅相关资料

好好规划一下资料的查找工作使你能够在指定的时间内达到最好的结果。这一点要求你在匆匆忙忙地开始查找之前必须认真考虑自己的发言主题和场合。你有多少时间？就你发言的性质而言必须查阅哪些事实？哪些细节要调查？你查阅资料的目的是什么？

（1）从主题入手

先从了解"总体情况"入手。你不应该先入为主地在某一个方面的资料上花费大量时间，这样做也许会遗漏与主题相关的其他重要方面。随着研究的深入，你会得到更加具体、更加切题的材料，你知道哪些内容可以置之不理，但是如果其他方面的有关内容突然冒出，根据已经掌握的知识你完全能够把握这些提示，并顺藤摸瓜，进一步深入下去。

发言人在查阅资料之前的准备或探索性研究是由一系列活动所构成的。面对一个知之甚少的题目，在分析主题之前你必须先查阅一些概括性的知识。即使你对发言主题很熟悉，你也得在准备查找资料之前在脑海里先理清自己的思路。

（2）规定完成时间

根据你可以支配的准备时间和发言主题的不同，你要进行的查阅工作也会有很大的差异。建议你为自己的准备工作制订一份可行的时间表。如果讲话前一天才接到通知，你不可能查阅所有相关文献，但是可以从百科全书之类的书中查找概括性的资料。如果你的时间较为充裕，准备活动就可以更加深入，先从概括性的书籍当中收集线索，用它们作为指导再寻找其他更加细致、更加具体的资料。跳读是从头开始查找资料时最有用的技巧之一。在从图书馆查阅书籍或为此购买图书之前，先迅速浏览一遍书目。因为你没有时间把所有的书都看完，一定要掌握最重要的方法和理论。要首先查看书籍目录，跳过第一章和最后一章，或者阅读某一章或一篇文章的第一段和最后一段。记下书中频繁提及的重要学者和公众人物的姓名。留意反复出现的概念和研究项目。不要认为自己必须一字不落地把整个句子读完。

开始浏览时，翻找一些综述或有关该问题现状的文章和书籍。这些文章和书籍概括指出该问题当前的思潮，追溯该问题来龙去脉的文章段落也非常有用。这些文章和书籍往往很容易从题目中加以识别。

跳过一些资料，阅读一些概括性的书籍可以使你对自己的演讲题目有大致的把握，你就可以进一步缩小范围，把查阅内容集中到某些具体的问题上。

（3）带着分析性问题查阅资料

当你已经完成背景资料的查阅，还没有开始主要的研究活动之前，要回头分析自己的发言主题。想一想你是否要把主题缩小为某个问题，调整自己的讲话目的，或者修改主题句的遣词造句使之适应发言场合。

（4）熟悉相关的专业用语

为新主题查找资料就像学习一门新的语言一样。随着你逐步展开对题目的研究，你就能够列出这个过程中所出现的关键词。比如，在研究职业女性时，你会发现自己必须搞清楚"机会均等"、"果断行动"和"相对价值"等术语之间的区别。你会注意到如"玻璃天花板"、"女强人综合征"和"粉领工人"等都是关键的名词，在谈论你所面对的问题时这些词已被广泛采用。熟悉与发言主题有关的语言随着研究的展开而变得不可或缺，因为你在浏览文献时要查找这些关键词。

当然，如果你熟悉的人群中有人对你要讲话的项目非常了解，那么请教他们就再好不过了。

2. 直接向他人请教

直接向他人请教相关问题是非常便捷的一个方法。如果没有特别合适的人选，你也可以请教一下周围的人对你要发言的主题的看法。你的朋友、家人、同事都可以成为你的信息渠道。

在你根据发言主题组织整理自己的思路时，先和那些自己每天接触的人们谈一谈。你可能会喜出望外地发现有人对你要讲的主题非常在行。在大多数情况下，这些人告诉你的情况是他们自己的观察和体验，在书本中是无法找到的。和几位朋友交谈一番，你就会惊喜地发现你了解了很多自己原来不知道的知识。

三、材料的收集范围和具体方法

收集丰富的材料是登台发言成功的一个重要因素。熟悉发言材料的收集整理范围非常重要。重要的是还要收集属于自己的材料，整理属于自己的素材，而且要保证材料的充足。

1. 材料收集整理的范围

材料的收集整理范围主要包括直接材料、间接材料和创建材料。

2. 准备属于自己的素材

这里强调"自己的"概念，虽然读一本书也是一种准备，但这并不是最好的方法。从书上找材料，是可以有帮助的，但假如一个人仅想从书本上得到一大堆现成的材料，立刻将其据为己有而讲给别人听，难以获得听众热烈的掌声。

3. 积累的材料一定要充足

别人的东西，只要消化了就能成为自己的东西。积累材料的过程就是收集属于别人的东西，据为己有。然后在开始发言前，就集中于某个主题，去斟酌、回想并选择最能引起你兴趣的题材，加以润色，将其改造成另一种形式，变成你自己的作品。

某发言人关于怎样准备他的发言，如此回答："我的准备是这样的，当我选择了一个题目时，就把题目写在一个大信封上，我备有许多这样的信封。假如我在读书时遇到一些好材料，认为将来用得上，就把它抄上，放入适合它的主题的信封里。另外，我一直带着一本记事簿，当我在听别人发言时，听到有切合我主题的话，便立即把它记下来，也将其放入信封内。当我要发言时，就针对我要讲的主题取出我收集的所有材料，再加上我自己的研究，这样一篇文章就形成了。在我许多年登台发言中，从这里取一些，从那里择一点，因而发言永远有材料。"

材料需要积累而且需要积累充分。收集 100 个意见、思想，选择 10 个非常契合题目的，而抛弃另外 90 个。收集丰富的资料和知识，可以增加自信，讲话更加自然大方。这是准备讲话、发言最重要的基本原则，发言人不应该忽略此点。

整理发言资料的原则

一、选出真实的材料，剔除虚假的材料

如果发言人使用这种没有经过考证或找不到出处的材料，准备材料的工作就不能说是完善的。可以设想一下，如果发言内容被听众怀疑其是否真实，发言的效果就很难保证。要在平时多下功夫，经常查阅有关书籍、资料并将用得着的资料摘录下来，注明资料的出处，以便在登台发言时引用，这能提高发言的效果。材料准确性的另一个方面是用词准确性。任何一篇演讲的第一个要求是让人听懂，即发言人的用词必须与听众使用的词汇一致。凡是发言人使用的词汇、术语超出一定范围，就应该加以解释。特别是面对非专业的听众发表有关专业方面的演讲时，对专业词汇应该进行解释。

为了保证材料的准确性和可靠性，我们可以对材料进行刨根问底，例如，在材料中有哪些人？他们在做什么？他们是什么时候做的这些事情？这件事情发生在什么地方？为什么要做这些事情？他们是怎样完成这件事情的？问这些问题可以帮助我们了解材料的情况，帮助我们辨别材料的真假，可以帮助我们理清材料的脉络，完善我们的演讲。同时，可以帮助我们避免在演讲时闹出笑话。

二、选出有新意的材料，舍弃平淡的材料

世人常说，世界上没有两片完全相同的树叶；人不能进入同一

条河。这是因为事物是不断变化的，而人更喜欢变化。相声、小品演员经常抱怨说他们要不停地变换段子，因为再好的段子，观众听过几次后也就失去兴致了。同样，一支非常好的流行歌曲也不能长期占据榜单的前几位，这都是因为人们喜欢多变的事物的原因。

发言要有新意，谈论问题要有超越一般、不同凡响的感受和见解。比如你谈论"怎样看待人体美？""离婚率的上升说明了什么？"这一类的主题，往往会引起别人的注意和兴趣。这就是选取新主题，有所新发现。可口可乐是目前世界上最畅销的饮料之一，可口可乐公司成功的秘诀是什么呢？就是广告有创意，与众不同。

在某次会议上，主持人请企业领导讲话，他谢绝了。理由是：一时讲不出新的意见，与其重复别人的话不如少说最好是索性不说。这位领导的做法值得提倡。实际上那种一讲老话、套话就没个完的现象比比皆是。有些人讲起话来滔滔不绝，可往往是打着官腔，说套话，信息量很少，缺乏给人以启迪的东西，甚至只是起到了留声机、传声筒的作用。听这种没有新意的讲话，实在是味同嚼蜡、令人生厌。据说有个知名人士做报告，这里讲，那里讲，一年之内每次所讲的内容都如出一辙，丝毫没有变化。试想，社会在变，听众在变，可报告者如此一成不变、墨守成规，那他的报告还有什么价值和吸引力呢？即使这个报告起初内容不错，可是日复一日地重复也早让它人生厌了。

要做内容有新意的演讲当然有许多方法，但首先要有自己的个性和自我意识，要敢于标新立异。一个人如果不能发现和发挥自己的与众不同之处，不敢表现真实的自我，那就不可能用自己的语言表达自己的思想感情，发言就没有生命力。

三、优先选择幽默风趣的材料，放弃枯燥呆板的材料

发言要想引起听众的兴趣就要选用新颖的、生动有趣的、寓意深刻的材料。吸引听众的有趣材料是讲话的调味品。适当地使用诙谐幽默的材料将在吸引听众方面起重要的作用，它可以帮助你消除紧张感，巧妙地解除窘境，甚至可以出奇制胜。使用给听众设悬念的办法，也能增加讲话的趣味性。发言人可根据听众的心理，在发言中提出问题，然后解答问题，使听众的思路和注意力自始至终跟着发言人的思路走。

四、选材要紧紧围绕主题

主题是选材的依据。选择的材料必须紧紧围绕主题，选择材料时必须考虑它能否有力地支持主题或为主题服务，否则，再生动的材料也不能用。坚持这样一条原则：凡是能突出、烘托主题的材料就选用，否则就舍弃。能够有力支持主题的材料一般包括：发言人自己受感动的材料；发言人亲身实践证明的材料；听众感兴趣的材料等。

正确安排发言要点的方法

收集到足够的材料以后，把所有的想法根据发言主题进行筛选，保留自己满意的部分，然后对它们进行综合，最后做到前后连贯，这个过程涉及很多步骤，主要包括：产生想法，把想法归类，把每类综合起来，然后重新过滤、调整并且理顺各种想法的关系，最终确定各个要点。

一、广泛收集想法

在准备登台发言时，不要限制自己的思路。把你觉得演讲中可

能会提到的内容随手记下来，不管这些内容是在收集资料还是在整理准备放弃的资料时碰到的。不要对任何想法心存偏见或轻易抛弃，把它写下来，现在不必为你记录的内容排列顺序。加快工作速度，即使其中有些只是另一种想法的不同表达或者与另外一些想法截然相反也不要在意。除非已经积累了充足的原材料，否则无法着手进行整理。

二、整理归类想法

可以采用许多不同的办法进行组织整理，选择适合自己的一种或几种方式，加以组合，起决定作用的可以是视觉效果或者发言内容。

1. 基础的、可行的提纲

组织发言内容最传统的办法是采用阶梯形的、缩格提纲的格式。但是在确定提纲的时候不要自我局限认为只能用正式的、完整的句子列出提纲。用完整的句子列出提纲对你清楚表达要点和分要点很关键，但是运用主题提纲这种比较灵活的形式也很有好处。

因为你可能会尝试采用不同的办法整理思路，因此不要把时间浪费在措辞或格式上，以不同的方式对各项内容加以整理，使得它们能够和谐地组织起来，直到发现一种紧凑而清晰明了的结构为止。

2. 概念图

概念图是一种理清思路的方式，通过它可以直观表示某些概念之间的关系，你可以按照其基本形式快速绘制简单的图表，用中间标有说明的圆圈或方框表示，再用线把它们连起来。

3. 调整想法

把内容分布在纸上各个部分，它也可以类似于列提纲用线性方式连接内容。比如，你可以把自己的想法在记事贴上记下，把它们黏在墙上或桌上。你可以根据主题把它们集中起来把某一组的某些部分移到另外一组，直到你对整体结构感到满意为止。或者，如果你更喜欢以线性方式考虑问题，则可以根据记事贴上的内容制订原始提纲，提纲可以写在任何地方，包括缩格记录的分要点。

另一种可行的方式是从收集资料的笔记卡片入手，在卡片上添加你自己的想法。我们建议在查阅资料时使用笔记卡片在上面注明标题。你可以从这里着手写下自己的看法、过渡句，并再用一些卡片进行综合，把它们插在你认为适当的地方。像记事贴一样，你可以随意改变顺序和模式，变换尝试多种处理主题的方式。充分展示每种组合方式的优点，不要急于下判断、做选择。让自己享有充分的自由，能够随意调换各个部分，直到你满意为止。

经过这个过程，你已为自己的发言准备了好几个可能的要点。下一步是选择最能满足你的演讲目的、效果最佳的要点。

三、要点应独立且符合主题

一看你的论点，就应该想到你的发言中应该包括哪些要点。明确必须做出回答的核心问题。一旦明白主题涉及的内容，你就能用论点陈述句检验提纲中的要点了。除此之外，还要注意挑选彼此独立的要点。

要点之所以被称为要点不是偶然的，要点是扩展主题的有限几项核心的不可或缺的内容。

为了尽可能明确清晰地说明问题，要点应该彼此独立。每项都应该排除隶属于另一项的可能性。用简单的话来说，这条法则就是我们常说的一句格言："任何东西都有其所归和所属。"发言人面临的挑战在于找出一种可以恰到好处地把所有内容加以安排的条理。

四、确定要点的数量

虽然这条规则听起来过于武断，但是并不像你认为的那样束缚手脚。作为发言人，你应该围绕几个要点整理自己的内容和思路。

重要性相同或逻辑作用平行的要点称为并列要点，用于解释、支持或服务于其他要点展开的逻辑推理过程，重要性稍弱的要点称为分要点。你必须明白各种要点之间的关系只是相对的。发言的每条内容都既是并列要点，又是分要点，这也是对其他内容的综述。

逻辑推理类似于说明内容之间从属和并列关系，例如，汽车是一种有效的货物运输方式，因为汽车运输的目的地覆盖范围相当广阔；因为汽车的设计形式多种多样、灵活多变；因为汽车相对易于操作。

显然，原因从属于它们所支持的要点。

安排发言、讲话内容时用于证明要点的论据不能与要点具有同等的重要性，或与要点并列。

合理设置情节、穿插故事

一、精彩的发言，需要故事

所有人都听过故事，但并非每个人都当众为大家讲过故事，讲故事看起来很容易，真讲起来就不那么容易了。可能你在听别人讲故事的时候感觉别人讲故事总是绘声绘色，很吸引人，甚至让你废寝忘食地去听；可是一旦自己讲起来，仿佛就不是那么回事了，毫无吸引力。因此我们可以说，讲故事也是一种能力，并不是人人都可以把故事讲好的。而当众讲故事更是一门比较难的学问。

在班会课上，班长做了一个演讲：

日本有一家濒临倒闭的食品公司，为了起死回生，决定裁员三分之一，有三种员工名列其中：一种是清洁工，一种是司机，一种是无任何技术的仓库管理员。经理找他们谈话，说明了裁员的意图。

清洁工争着说："我们很重要。如果没有整洁优美的工作环境，你们怎么能全身心地投入工作？"司机接着说："我们很重要。这么多产品，没有司机负责运输怎么能迅速销往市场？"仓库管理员最后说："我们很重要。如果没有我们，这些食品岂不要被流浪街头的乞丐偷光？"听完他们的辩解，经理觉得他们的话都有道理，权衡再三，决定暂不裁员。

第二天，让所有员工没有料到的是，经理在公司门口悬挂了一块大，上面写着"我很重要"四个大字。就是这一句话，调动了全体员工的积极性，增强了大家的责任感，几年后，该公司迅速崛起，成为日本有名的企业之一。听完这个故事，在座的各位班委成员，是否意识到自己也很重要呢？如果意识到了，那就让我们分工合作，齐心协力，搞好班上的工作吧！

要想能够成功地当众讲故事，并通过讲故事来论证自己的观点，需要注意以下几点：

1. 选择合适的故事

你当众讲故事的目的是为了论证自己的观点，而并不是为了娱乐大家。所以，选择故事的时候要恰到好处，贴切自然；不能过于频繁，更不能生搬硬套，否则就会造成东施效颦、弄巧成拙的后果。

2. 巧妙插入，并且适当加工

你在讲话的时候，需要巧妙地引入一个故事，而不能随便插进一个故事，否则听众会认为你讲话没有条理性。你在引用的时候，可以根据讲话的需要进行适当的修饰加工，或者是取其某个意义，找出这个故事与所论述内容的契合点，并进行解释。

3. 把握故事语言的个性化

故事的语言不同于其他文学形式的语言，它最大的特点就是口语性强、个性化强。所以当你准备开始讲一个故事的时候，要与你之前讲话的语言、语气区别开来，最好能使自己的感情与故事中人物的感情相融合，做到惟妙惟肖地表达故事情节和人物性格。把一个故事讲得引人入胜，这也是你吸引听众的一个关键点。

二、诙谐故事，别有风趣

在发言过程中，若是引用一些诙谐的故事，能让你的发言别有风趣。有趣的故事能充分调动听众的热情，而且给人留下深刻的印象，甚至会令听众期待你的下一次演讲。通常情况下，发言内容大多是枯燥而乏味的，不是专业知识，就是大堆大堆的辞藻堆积，在这样的情况下，发言人讲得费劲，而听众听着也烦躁。更何况，现代社会生活节奏如此之快，谁愿意坐上几个小时来听一些枯燥乏味的演讲呢？

唯一可能的理由就是，发言人本身很有趣，总是擅长使用一些幽默诙谐的故事。如果不是这样，即便大厅坐满了听众，对听众来说，也是人在曹营心在汉，他们根本就没注意到你讲了什么。

对于发言人来说，需要充分显示自己的幽默感。一句得体俏皮的话，立即就会让你和听众之间的距离缩短，并让你获得好感；几句对付难题的机智回答能让自己摆脱困境，并体现美好的自我形象，获得听众的同情和赞美。实际发言过程中，如何才能把生活与工作中的故事与登台发言结合呢？

1. 符合主题的故事

讲的故事需要符合主题，这样才能满足观众的期望。当然，在这之前需要提前想好一些符合主题的故事。以自己的感受，发挥身体感官的作用，就会发现生活中处处都是能够用来发言的故事题材。平时也可以收集一些关于发言主题方面的趣闻、剪报、图片、视频或新闻等。

2. 完整而动人的故事

好的故事必须有创意，多看一些报道，慢慢学会以一个夺人眼球的标题吸引听众的注意力。当然，故事的主体也要沿承这个风格，而故事的关键点通常要用一句颇有哲理的话来总结，这样才能让听众印象更深刻。

3. 有情感的故事

对某些需要饱含感情的发言主题，需要侃侃而谈，情绪激昂。可以通过多种途径选择有趣的轶事见闻，找到这个故事与发言主题的联系，从联系点着手这样就会让一个枯燥无味的主题生动起来，丰富起来。

4. 生活化的故事

如果仅是讲述一些伟大人物的故事，且又是众所周知的故事，对听众而言是没有丝毫吸引力的。寻找一些生活化的故事，从真实的生活片段里选材，自然而流畅，这样就会与听众产生共鸣。

5. 久远的故事

一个与听众产生情感共鸣的演讲，才能使人铭刻在心。所讲的故事，就好像是他们的过去，每一个听众就像是我们身边的朋友、邻居，大家共同生活在一个世界里，会有很多的交集。所以，试着讲一些久远的故事，也能打动人心。

三、叩击心扉，引人入胜的故事

叩击心扉的往往是引人入胜的故事。这种吸引别人继续听你说话的手段就像电视剧吸引观众继续看下去用的招式。电视剧每播出一段，就要进一段广告，而在进广告之前，画面会停止在最精彩的一刻：男主角打女主角一记耳光或是已经扣住了扳机的手枪指着女主角，或是男主角被坏人打下了山崖。这些悬疑而精彩的故事情节，引发了观众的好奇心，他们都想知道"后来怎么样了"，好奇心促使他们继续看了下去。

课堂里所有人都在准备笔记，每个人依然习惯性地敲着笔记本，然而接下来发生的事却令所有人惊讶不已。

一位少年自信地从讲台后站了出来，用洪亮而活泼的声音说道："今天我要向大家分享一个 16 岁天才少年的故事……"敲击键盘的声音戛然而止，所有人的目光都落在他身上。

他展示了一张巨幅照片：一位报纸摊主满脸忧伤，标题是"罗斯福逝世"。

他说："这张如今很著名的照片是由这个 16 岁少年在 1945 年拍摄的，并以 25 美元的价格卖给了一家杂志。"

他随后又展示了几幅这个少年拍摄的照片：有擦鞋工凝望一群飞鸟的唯美照片；有舞女郎对着镜子涂口红的照片。就在大家都好奇地思索着这个神秘摄影师是谁的时候，他说道："这个少年日后成为史上最有影响力的电影导演之一，你们知道他是谁吗？"

教室里的人都眼巴巴地等着答案，"他是斯坦利·库布里克"。少年答道。悬疑式说话方式取自于悬疑式小说，悬疑小说是一种具有神秘特性的推理文学，可以唤起人们的本能，激发人们的好奇心。无论是悬疑式说话方式还是悬疑小说，它们的目的都是给听者或读者留下悬念，让他们心中产生无数个疑问，然后引领他们一步一步地解开悬念。说话者可以通过对环境特定场景的描述，引起读者的警觉，令其不由得为主人公的处境担忧起来，总想知道"后来怎么样了"，憋在心里的一口气要待到整个事件水落石出才能吐出。

希区柯克，著名导演，其悬念电影闻名世界。他的悬念电影比较注重故事的发展过程，注重渲染各种气氛，让观众以更为紧张的心理状态去关注主人公的个人命运，对人类的心理世界有着深刻的体悟。由此可见，悬疑式说话方式最大的特色，就在于对环境气氛的渲染，它的目的就是让听者兴奋起来，愿意将你的话继续听下去。

1. 设置悬念

引人入胜地讲故事最大的特点就是设置悬念，注重调整叙述事情的顺序注重渲染说话气氛，激发听者的好奇心，并迫不及待地想了解后来的情况。如果你对朋友说"今天我在商场看见了刘德华"，旁边的人一定会问"后来呢"，他们想知道你有没有跑过去要签名，刘德华本人帅不帅，刘德华去商场干什么呢……

2. 如何设置悬念

当然，设置悬念的具体方式有很多种：以环境叙述为悬念，"大年夜那天冷极了，下着雪，天快黑了，我看见一个小女孩光着脚走在街上"，这时候对方一定会问，"这个小女孩是干什么的""还下着雪，她怎么会光着脚""大年夜，她为什么不赶快回家过年"，把人物放进这样一个典型的环境中，便紧紧地扣住了对方的心弦。以某场面或某一段情节为悬念，"周瑜施毒计，要诸葛亮10天造好10万支箭，诸葛亮却说只用3天，还立下了军令状"，诸葛亮后来成功了吗？这自然能激起对方继续听下去的欲望。

3. 中途停顿

悬疑式说话的另一大特点就是渲染气氛，这就需要调整语气，适时停顿。如果你像读课文一样讲述某件事情，对方也许会听得昏昏欲睡。所以，蔡康永建议，当你向朋友转述一件事情的时候，说了几句话或者描述了一个情节后，可以先停顿一下，看你朋友不会不问你"后来呢""然后呢"。

4. 如何练习"悬疑式讲话"

在叙述事情的时候，最好中途停顿，看对方有没有追问"后来呢"。如果对方这样追问了，那表示你的叙述事情的方式是吸引人的；如果你停顿了，对方并没有追问，反而把话题转移开了，这表示你设置的悬念有偏差。也可以找机会改个方法，把同一件事用别的顺序再讲一遍，看对方这次会不会问"后来呢"。

四、把控故事爆点，吸引听众注意力

很多人在发言中讲故事时，习惯将爆点藏在故事临近尾声的部分，然而很多时候下面的听众熬不了那么久，听到一半就纷纷离场了。每一个故事都有精彩的爆点，也就是故事的高潮部分，这是每个人都想听的，是高潮让人们有那种想继续听下去的欲望。如果你说"这一张很小的油画就能卖两三百万"，相信大家都会惊奇地问"为什么会这样呢？""这是怎么回事？"。

有一次，蔡康永需要在节目里介绍画家常玉的生平，他知道许多观众没有听说过常玉，他也了解许多人认为画家其实离大部分人的日常生活很遥远。为了做好这期节目，蔡康永花了一番心思，他想，如果自己在节目一开始就说"常玉年轻的时候就很想到外国去留学，他家里当时还算有钱，就花钱把他送去巴黎"，大部分观众并不会感兴趣，可能观众会想"常玉是谁啊，我听都没有听说过"。所以，在正式录节目的时候，蔡康永把故事的顺序改了一下，节目一开始，他就拿起常玉的传记说："我手上这本书，大概只比鼠标垫大一点点，如果上面画的都是常玉的油画，那么，它的市场价格大概是台币两百万到三百万。"这样的开场方式让蔡康永留住了很多听都没有听过常玉名字的观众因为他一开始就引出了故事的爆点。

由此可见，说话与写小说有着很大的区别的。一般而言，小说是以造人物形象为中心，通过完整的故事情节的叙述和深刻的环境的描写反映社会生活的文体。而且，大多数小说都会以故事情节的发展来设置高潮，它带领着读者一步一步走进故事最精彩的部分。而"把故事的爆点放在最前面"这样一种说话方式，实际上是一种"倒叙"的模式。

我们在阅读小说的时候会发现，故事情节的高潮部分通常会安排在结尾或者中间，小说这样一种结构的安排会让读者身临其境。但是，如果我们在说话时也将最精彩的一部分放在最后面，那么听者有可能刚听了一部分就哈欠连天了，因为他们的注意力不能长久地保持下去，最终导致整个讲话的失败。

当然，"把故事的爆点放在最前面"时也要注意使用恰当的过渡句，否则就会使故事头绪不清、脉络不明，最终影响到你的表达效果。

1. 讲话中灵活使用"倒叙"

如果把故事的爆点藏在太后面，很容易让故事变得枯燥。那么，如何才能让你的讲述更生动呢？秘诀就是"调整故事的顺序"，也就是我们在叙述故事时经常用到的"倒叙"。它是根据表达的需要，把故事的结局或某个最重要最突出的片段提到演讲的最前边，然后再解释"为什么会出现这样的情况"，即把故事按原来的发展顺序进行讲述。

这样的"倒叙"方式不仅在说话中经常使用，也会用到电影创作中。比如电影《这里黎明静悄悄》里，最开始的情节是"年迈的上尉带领几个年轻人在扫墓"，然后再倒叙墓碑下牺牲的年轻女战士们那可歌可泣的故事。另外《辛德勒名单》《泰坦尼克号》等电影都采用了这种方法。

2. 如何使用"倒叙"

"倒叙"的说话方式，并不是把整个故事都倒过来叙述，而是把最精彩或高潮部分提前，其他的部分仍采用一般的讲述方式。在日常生活中，当我们需要表现话题的中心时，就可以把最能表现主题的部分提到前面，比如董事长在开始就说出会议主题；有时候为了使自己的讲话富于变化，避免平铺直叙，也可以使用倒叙；其实，更多的时候是为了表达效果的需要，使自己的讲述曲折有致，给人造成悬念、引人入胜。不过，需要注意的是不要没有目的地颠来倒去、反反复复。

3. 如何练习这种说话方式

如果有兴趣练习这种说话方法，可以看看报纸或网络上的新闻都喜欢用什么样的标题，以吸引读者把整则新闻看完。一般而言，新闻的标题是整个新闻事件的爆点，这是无可厚非的。这样，撰写新闻标题的人就不用担心读者不看新闻了，因为标题往往能激发读者的好奇心。所以，要想练习这样的说话方式，可以在平时多看看新闻是如何拟写标题的，并且在实际讲述故事的过程中尽可能地调整故事的顺序，把故事的爆点放在最前面。

第四章 ▷

拓展你的讲述方式，让你的
发言更有表达力

好的开场是成功的一半

发言人应力求一开口就拨动听众的兴奋神经。

良好的开头应如瑞士作家温克勒说的有两项任务：一是建立听众对发言人的认同感；二是如字意所释，打开场面，引入正题。具体方法是语言鲜活，忌套话、空话；忌那些磨光了棱角的、听众不爱听的老话；语言准确，忌大话、假话；语言简练，忌空话、抽象的话。

文章开头最难写，同样道理，做演讲开场白最不易把握，要想三言两语抓住听众的心，并非易事。如果在讲话的开始听众对你就不感兴趣，注意力一旦被分散了，那后面再精彩的言论也将黯然失色。因此只有匠心独运的开场白，才能给听众留下深刻印象，才能立即控制场上气氛，集中听众注意力，从而为接下来的讲话内容顺利地搭梯架桥。

奇论妙语，石破天惊，听众对平庸普通的论调都不屑一顾，置若罔闻；倘若发人未见，用别人意想不到的见解引出话题，造成"此言一出，举座皆惊"的艺术效果，会立即震撼听众，使他们耐心地听下去，这样就能达到吸引听众的目的。

平常多用的形式主要有这样几种：

一、以故事开头

在开头讲一个与所讲内容有密切联系的故事从而引出发言主题。1940 年 12 月 17 日，罗斯福总统终于在美国白宫记者招待会上露面了。

此时，正当同盟国共同抗击纳粹德国的关键时刻。英国处在欧洲反法西斯侵略的最前线，由于黄金外汇已经枯竭，根本无力按照

"现购自运"原则从美国手中获取军事装备。作为英国的重要盟友，罗斯福深知唇齿相依的道理。在战争旷日持久的情况下，英国一旦被纳粹击溃，希特勒一朝得势，势必严重威胁到美国的全球利益。美国全力支持英国，是理所当然的事情。

但是，美国国会一些目光短浅的议员们只盯着眼前利益，丝毫不关心反法西斯盟友和欧洲糟糕的战局。而罗斯福却认为必须说服他们，要使《租借法》顺利通过，以全力支持英国，他特别举行了一个意义重大的招待会。

"尊敬的女士们、先生们！"罗斯福在简要地介绍了《租借法》以后，紧接着就来说明他的设想了，"假如我的邻居失火，在数百英尺（1 英尺 =0.3048 米）处，我拥有一条浇花的水管，要是赶紧借给邻居拿去接上水龙头，就可能帮他灭火，以免火势蔓延到我家。但是，在救火前要不要对他讨价还价？喂，朋友，十万火急，邻居到哪里去找钱。我想，还是不要他十五元为好，只要他灭火之后原物奉还。如果灭火后水管还好好的，他会连声道谢；如果他把东西弄坏了，他得照赔不误，我也不会吃亏。"

记者们紧追不舍，问罗斯福总统："请问，总统阁下所说的水管一定是指武器了！"

"当然，"罗斯福毫不掩饰，"我只不过以此来阐述《租借法》原则而已。也就是说，如果你借出一批武器，在战后得到归还，而且没有损坏的话，你就不吃亏；即使军火损坏，或者陈旧了，干脆丢弃，只要别人愿意理赔，我想，你依然没吃亏，不是吗？"

这一番回答之后，再也没有人对此提出任何质疑与反驳了。

这种方式的开场白很能引起听众的兴趣，而且在操作上也比较容易，适合那些初学发言、讲话的朋友使用。总之，你要注意的是故事型的开场白一定要摒弃复杂的情节和冗长的语言。

二、开门见山

开门见山式的开场白，也就是一开始就用高度凝练的语言把发言的基本目的和主题告诉听众，引起他们想听下文的欲望，接着在主体部分加以详细说明和论述。下面是一个关于环境保护的发言：

我们正站在一个关键的十字路口，我们的选择将决定地球的未来。今天，我站在这里，不是为了谈论遥远的星际旅行，也不是为了探讨深奥的科学理论，而是为了一个迫在眉睫的问题——环境保护。我们的星球正在向我们发出求救信号，从融化的冰川到消失的雨林，从污染的空气到枯竭的水资源，每一个信号都在提醒我们，采取行动的时刻已经到来。

这个开场白直接切入主题，没有多余的寒暄，迅速抓住听众的注意力，并明确了演讲的主要内容和目的。

开门见山型的开场白适合于比较庄重的发言场合。因此，它要求必须具备高度的总结概括能力。

三、幽默的开场白

幽默型开场白是以幽默或诙谐的语言及事例作为开场白。这样的开场可以使听众在发言人的幽默启发下集中精力进入角色。

因为笑话中人物鲜明，情节离奇，意义深远，俏皮幽默，所以在发言开始讲一个笑话会令听众开心，得到启示，在轻松气氛中领悟发言观点。

四、引用的开场白

登台发言的开场白也有直接引用他人话语的（大多是名人富有哲理的名言），它为发言主题作事前的铺垫和烘托，概括了发言的主旨。

五、抒情的开场白

这种开场白主要借助诗歌、散文等抒情文学的形式，通过华丽的辞藻和汹涌澎湃的激情，感染听众，把听众带入诗一般的境界。多数参加演讲比赛的朋友都喜欢运用这种类型的开场白。

林肯在为独立战争时期一位烈士的遗孀辩护时说：

现在，英雄早已长眠于黄泉，可是，他那衰老而可怜的遗孀，还在我们面前，要求我们代她申诉。这位老妇人从前也是一位美丽的少女，曾经有过幸福愉快的家庭生活，然而，她为美国人民牺牲了一切，到头来却变得贫困无依，不得不向享受着革命先烈争取来的自由的我们请求一些援助和保护。试问，我们能视若无睹吗？

六、注意承上启下

一般来说，发言人都需要对发言的开头、中间、结尾进行全面完整的设计。不可能也不太好做过多的临场更改，这似乎没有什么不好的。但如果你能独辟蹊径，巧妙地承接上一位或前面几位发言人的发言主题，或是他们演讲中的观点、动作等进行引发，效果将非同凡响。这种临场发挥会给听众留下良好的印象。

好声音具有感染力

一、科学发声练习，让声音底气十足

在生活中，我们经常说某人说话没有底气，那声音就好像是一个大病初愈的人所说的话，声音很小，而且没有张力。我们有时会将这里的底气理解为"信心"，也就是由于心理素质导致声音出现这样的情况，但并不是所有的情况都是如此。有些时候，某些人说话底气不足的原因在于其本人的声音问题，更明确地说，这是由于缺

乏科学的发声练习所造成的。

某健康咨询室里收到了这样一封信：

医生，你好，我今年23岁了，是一位成年的男性。但一直以来我被一个问题困扰着，我身边的朋友以及家人都说我说话有气无力，跟我的年龄很不符合。年轻人不应该都是朝气蓬勃，声音响亮的吗？但我的声音为什么会这样呢？就连我自己都觉得我的声音很难听，十分沉闷。

我大学快毕业了，即将面临的就是找工作的问题。而对于任何一家公司或企业来说，一种好的精神面貌是很重要的。我本身性格外向，平时也很喜欢说话，但就是这声音听了让人恼火，我也知道这不是我刻意纠正就能改变的问题。因此，我想咨询，声音出现这样的问题到底是什么原因呢？是缺乏锻炼还是什么呢？那我该如何努力才能纠正这样的声音状态呢？

其实，无论是这种求职面试的年轻人，还是需要到处进行当众讲话的公司职员，他们尤为关心的问题就是自己的声音听起来是否底气不足。若是缺乏底气，那么自然不容易引起别人的关注，一旦出现这样的现象，只怕即便你说破了嘴也没人会听，更别说会肯定你的说话水平。实际上，案例中求助者的问题是能够被解决的，只要他进行一段时间的语音训练，就可以有效地改善底气不足的现象。

在发音过程中，气息是声音的动力来源。充足、稳定的气息是发音的基础有的人说话声音洪亮、持久、有力，我们通常会说这样的人讲话"底气十足"反之，有的人说话声音很小，有气无力，上气不接下气，就好像蚊子嗡嗡叫一样，这样的人则是明显的"底气不足"。在发音练习中，所谓的"底气"其实是"中气"。之所以会出现上述的差别，除了身体素质的区别以外，还有就是气息技巧的问题，也就是呼吸和说话的配合、协调是否恰当的问题。

通常，说话是呼气时而不是在吸气时进行的，停顿才是在吸气时进行的。若是进行长时间的说话或发言，那就必须要求比平时更强的呼吸循环。

在说话过程中，我们需要处理好说话和呼吸的关系，那就必须注意如下问题：

1. 发言过程中要尽量放松

在呼吸之间，需要尽量轻松自如，吸气要快速，呼气要缓慢、均匀，而且吸气的量要适中，太多会让你喘不过气来，太少了又不够用。

2. 发言过程中要注意姿势

不管是站着还是坐着，都需要抬头舒肩展背，胸部稍微向前倾，小腹内收，双脚并立平放。这样的站姿利于呼吸，让你的发音部位，比如胸、腹、舌都处于一个良好的准备状态中。只有呼吸通畅了，你的发言才会更流利。

3. 发言过程中要自然停顿换气

说话过程中有自然地停顿，这时就应该自然地换气，不要说完了一整句长话才大口吸气或呼气，这样说话很费劲。同时，我们应按照自己的气量来决定如何在那些较长的句子中间停顿，千万不要为了达到表达效果而勉强去做，这样只会适得其反。

二、腹式呼吸，让声音更洪亮

在生活中，许多人抱怨自己声音很小，而且不稳定，尽管觉得自己已经很大声说话了，但就是发不出声音，而且觉得自己的喉咙好像有什么东西堵着似的。总结起来，就是感觉说话很费力，声音又传不远，而造成这样的现象的原因有两个：一是没有充分利用共鸣腔器官，二是气息不稳。通常我们发出的声音都是依靠两片声带震动而成的，这是很容易理解的，然后，震动经过咽喉、口腔、鼻腔、胸腔等人体器官再被逐渐修饰、放大，形成了自己的声音，最终传到了别人的耳朵。

当我们对着身边的人耳语时，声带没有震动，仅仅是气息的摩擦，也就发不出任何声音。如果你想声音变得洪亮而平稳，而仅凭借声带的强烈震动，只会损伤声带。

小王说话的声音一直很小，而且含糊不清，身边的人总是抱怨："小王，你就不能大声一点，说清楚一点吗？"小王对此也表示很无奈，他的声音本来就是这样，即便是用尽了全身的力气，声音还是大不起来。而且，稍微一用力，便觉得声带发紧，声音变得更小，嗓子也有些疼痛，到了医院检查，才发现声带充血了。

医生建议说："不要用力发声，否则会损伤你的声带。"小王无奈地摇摇头自己是一个普通的推销员，每天所需要的就是当众讲话，不仅如此，如果自己声音不够洪亮或者忽高忽低，还会影响到自己的业绩，这可如何是好呢？

难道就没有其他的方法了吗？现在流行一种腹式呼吸的发音方法，也就是让横膈膜上下移动。这是因为吸气时横膈膜会下降，并将脏器压到下面，因此肚子会膨胀，这时胸腔没有膨胀。而在呼气时横膈膜会上升，这可以进行深度呼吸，吐出很多积存在肺里的二氧化碳。呼吸是一种正常的生理现象，一呼一吸承载着生命的重量。科学家经过研究发现：人的肺平均有两个足球那么大，但大多数人在一生中却只使用了其中三分之一的能力。而腹式呼吸将会很好地将肺的作用充分地发挥出来，所以，我们可以通过腹部呼吸，改善我们的声音状况。

腹式呼吸又分为顺呼吸和逆呼吸，顺呼吸就是指吸气时轻轻扩张腹肌，感觉舒服的时候，尽量地吸气，越深越好，等到呼气时再放松腹肌。逆呼吸则是吸气时轻轻地收缩腹肌，呼气时再慢慢地放松。两者的区别在于：逆呼吸只牵涉到下腹部肌肉，也就是紧靠在肚脐下方的耻骨区。吸气时轻轻地收缩腹肌，呼气时慢慢放松，呼吸在这样的方式下变得很轻松，差不多只占据了一半肺容量。

腹式呼吸的具体方法是：让自己呈仰卧或舒适的坐姿，全身放松。先用一段时间来观察自己的自然呼吸，然后右手放在腹部肚脐，左手放在胸部。吸气时，尽力地向外扩张腹部，胸部则保持不动；呼气时，尽量收缩腹部，胸部则保持不动。如此循环，保持每一次呼吸的节奏一致，你可以体会到腹部的一起一落。这个方法最重要的在于：每次呼气吸气都需要达到最大限度的量，吸到不能再吸，呼到不能再呼，若是每口气都能直达丹田，那是再好不过了这样你就能保持沉稳而洪亮的声音了。

但在使用这种方法的时候，我们还需要注意几个小问题：

1. 如何呼气吸气

呼吸要尽量深长而缓慢，用鼻子吸气，用嘴巴呼气。做完一个呼吸的动作在 15 秒左右，也就是深吸气 3 ~ 5 秒，屏息 1 秒，然后慢慢呼气时间也是 3 ~ 5 秒，屏息 1 秒。每次的练习需要保持 5 ~ 15 分钟，当然，如果你能够坚持做到半个小时，那是最好不过了。

2. 量力而行

对于身体好的人来说，屏息的时间可以延长一些，呼吸节奏尽可能地缓慢；而对于身体差的人来说，就不必屏息了，但一定要尽力吸气。就这样每天练习一两次，坐着、躺着、走着，甚至跑着也可以练习，直到身体出汗为止。

三、抑扬顿挫，让发言更有层次感

我们大多都是凭借有声语言来达到交流的目的，而语言表达则主要在于语音。有声语言借助语音的细微变化、语调语气以及停顿等一系列表达形式，使自己的言语表达更加准确、清新自然，同时还具备抑扬顿挫的音乐感，就像一个技艺高超的琴师，弹奏出悦耳动听的音乐，体现出语言的音律美与和谐美。

有人说话比较注重声音的高低起伏、停顿转折，并且节奏分明，自己说起来朗朗上口，听众听起来也觉得悦耳动听。其实，要想达到这样的目的，这需要我们有效地掌握抑扬顿挫的语言表达技巧，才能使自己讲话听起来悦耳动听。

在发言的时候，抑扬顿挫地讲话可以增强口语表达的感染力，从而达到吸引听众的目的。如果说话者总是用一成不变的语调，很容易让听众觉得枯燥乏味。

有些讲稿虽然水平很一般，但发言人抑扬顿挫的语调，会使整个会场掌声雷动。

那如何才能使自己的语调变得抑扬顿挫？

1. 讲话时要注意"重音"

发言时，我们经常会运用到重音，重音在生活中必不可少。比如，"这篇文章的大意是什么"，如果你在朗读的时候，把"意"轻念，那就会让听众认为"大意"是"粗心"的意思。

所以，重音不但能使声音高低起伏不断，重音还具有区别词意的作用，读重读轻表达的意思并不一样。重音可分为三种：语法重音，比如某个字它本来就应该重读，而当它在某个句子里的时候，就应该读出重音来；逻辑重音，在公开说话时，肯定有一部分的内容是比较重要的，这时候就需要根据说话的内容和重点自己确定重音的读法；感情重音，感情重音是表达强烈的感情或细微的心理的安排。

2. 讲话时要适当停顿

发言时不仅要让你的声音有高低起伏的音乐感变化，还需要停顿转折的回旋变化，这样才能使你的讲话听起来抑扬顿挫、悦耳动听。总的来说，停顿主要分四种，即语法停顿、逻辑停顿、感情停顿、特殊停顿。

除此之外，还需要我们在发言的时候，把一些书面上的停顿快速连接起来，那就需要一定的连接力了。也就是，把书面上标有停顿的地方快速连起来，需要不换气、不偷气，一气呵成，如此说话可以渲染现场气氛，增强语言的气势。

四、注意停顿，语言过渡自然

在发言过程中，为了提高听众的接受度，让听众有相当多的时间消化自己想传递的信息，同时也需要时间让自己控制节奏、理清思路、观察反馈，发言人通常会有一些停顿。当然，这样的停顿时间是较短的，否则就会造成说话啰唆的现象，因此，在停顿时需要保持一定的连贯性。话语的停顿主要基于两方面的需求，一方面是没有任何一个人能憋足一口气将所有的内容都说完，每个人都需要喘息的时间，或者喝水的时间，如果使用声带的时间过长，会导致声音沙哑，甚至上气不接下气，声音也会变得越来越弱；另一方面是因为语言本身需要停顿，诸如语法、逻辑、感情，还有一些特殊停顿，这都是必要的。美国前总统林肯在说话时有个习惯就是适当地停顿，当他说到某个重要的问题，而且希望这些内容能在听众的脑海中留下非常深刻的印象时，这时他的身子会向前倾，注视着听众的眼睛，大概会停顿一分钟的时间，这段时间内他一句话也不说。就好像突然而来的嘈杂声音，这种突然的沉默，也可以吸引人们的注意力。这样的停顿，会让每一个坐在台下的听众都竖起耳朵，十分专注地听对方接下来会说些什么内容。当然，恰到好处的停顿会让你的声音发挥出较好的水平，但如果是牵强的停顿，则会对你的声音产生不利的影响。

众所周知，林肯与法官道格拉斯曾进行过一次辩论赛，当时所有的情况都表明林肯即将面临失败。对此，林肯自己也感到十分沮丧，一直以来的疾病折磨着自己，这为他的辩论增添了一些感人的氛围。

最后一次辩论中，林肯突然停顿了下来，他差不多站立了一分多钟，看着台下坐着的人，有些是朋友，还有一些是完全陌生的面孔。他那深陷下去的忧郁眼睛就像平时一样，似乎满含着快要流下的泪水。他将双手紧紧地握在一起，好像它们太疲劳了，已经没有力气来应付这场战争。然后，林肯以自己独特的声音说道："朋友们，不管是道格拉斯法官还是我自己被选入美国参议院都是无关紧要的，一点关系也没有。但是我们今天向你们提出的这个重大问题才是最重要的，远胜过任何个人的利益和任何人的政治前途，朋友们。"说到这里，他再次停了下来，台下的听众屏住了呼吸，唯恐漏掉一个字，"即使在道格拉斯法官和我自己的那根可怜、脆弱、无用的舌头已经安息在坟墓中时，这个问题仍将继续存在、呼吸及燃烧"。

林肯在这段话语中的停顿有什么作用呢？我们似乎可以从他的

传记中找到答案，一位曾替林肯写传记的作者写道："这些简单的话语，以及他当时的演说态度，深深地打动了每个人的心。"确实，适当的停顿，不仅能够让我们的嗓子暂时得到休息，而且能够增强语言的渲染力。

那在实际说话中，我们该如何掌握停顿，以至于让声音发挥出最好的状态呢？在这里，我们列举了最常见的几种停顿。

1. 逻辑停顿

著名专家说：如果没有逻辑停顿的语言是文体不通的话，那么没有心理停顿的语言是没有生命的。逻辑停顿是一个句子中需要被强调的停顿，逻辑停顿是一种表达感情的需要

2. 特殊停顿

特殊停顿是为了加强某种特殊效果或应付某种需要所做的停顿。停顿的表现力主要有四个方面：变含糊为清晰，变平淡为突出，变平直为起伏，变松散为整齐。

有些排比句通过停顿变得节奏很好，要声断，气不断，情不断。要重复强调的是停顿不是中断，只是声音的消失，它绝对是气流与感情连起来的，有停就有连，而且某种激烈、紧张的情况下更需要连接。

3. 逻辑停顿

语法停顿又叫自然停顿，一个词中间是不能停顿的。另外，从语法上说在中心语与附加语之间会有一个小小的停顿，一篇讲话稿中用标点符号表示的地方要停顿，不同的标点符号，停的时间长短不一样，它们停顿的时间是：句号（包括问号、感叹号）＞分号＞冒号＞逗号＞顿号，从结构上，是段落＞层次＞句子。

4. 感情停顿

感情停顿又叫心理停顿，逻辑停顿为理智服务，感情停顿为感情服务，感情停顿是一种表示微妙和复杂的心理感受而作的停顿。

五、修正音色，使声音趋于平稳

在生活中，我们经常听到某些人的声音太尖锐，甚至刺耳，尤其是当他们提高嗓门的时候。如果是在公开场合说话时出现这样的声音，虽然不会直接导致说话的失败，但或多或少会影响到你说话水平的发挥。这样的影响，就好像我们在调整话筒时发出的"吱"这样的尖锐声音，这时可能在场的所有人都会自然地捂住耳朵；而如果我们在说话中出现这样的声音，也会产生同样的效果。

小美从小声音就不好听，远不如同龄小女孩声音那般清脆，而是有点尖尖的，若是突然提高嗓门，听起来还有点刺耳。因此，只要小美开始唱歌，妈妈就嗔怪："就你那破嗓子，还唱歌呢，别唱了，我耳朵不行了。"

长大了，小美的声音还是那样尖锐刺耳，在与朋友或同事聊天的时候，一旦她提高了声调，都会被责怪一句："小美，你的声音太尖了，我的耳朵受不了。"这时小美就会微笑着沉默下来，不过当她一个人的时候，总是会为自己的声音而难过。因为音色不好，小美很少会去唱歌，也很少在公众场合说话。

她自己也不知道该如何来改变这样的情况。

如果说话音尖，你的血管和肌腱就会像绳索一样凸起，下颚附近的肌肉也会紧张，这样的声音听起来就像是海鸥叫声一样尖锐，非常刺耳，若在说话过程中发出这样的声音，是极为不雅的。

对于克服尖音，我们提供了以下几种方法，希望对你能有所帮助。

1. 放松身心

尖音比鼻音还要难听，而克服尖音，首先就要努力减轻你的生理紧张，尽量做到心理平静坦然，并放松你的下颚、舌头、下巴、声带。有时我们说话中突然冒出尖音，那是因为太过紧张的缘故，因此要放松全身，让自己的声音自然地发出来。

2. 保持平稳的语调

大多数尖音的出现都是源于说话的人突然提高嗓门，因此，在说话时需要保持较为平稳的语调，不要突然提高嗓门，否则很容易出现尖音，

3. 通过语音学来修正尖音

我们可以从语言学入手，正确地发舌面音，纠正尖音，这需要从根本着手，从根本之处让自己正确地掌握舌面音的发音部位以及发音方法。舌面音的发音部位都是舌面的硬腭前部，而发音方法却是不一样的。比如发"J"这个音时，舌面向前向上，向硬腭前部贴紧，舌尖下垂，然后突然将舌面放松，让气流很微弱地由窄缝中透出。

运用你的身体语言

身体语言是使发言效果更好的一种讲话技巧。在深入讨论这一问题之前，必须先弄清楚什么是身体语言。

所谓身体语言是通过人体器官的动作或改变某一部分身体形态来进行情感思想交流的一种符号序列。通俗地说，身体语言是利用身体动作来传递信息从而达到交际手段的。由于身体语言主要由身体形态的变化来表达，因此又有人将其叫作态势语言。

身体语言在人类文明历史发展进程中的地位和作用虽然不及有声语言，但是，身体语言所表达的意义却比有声语言更丰富、更真实。有声语言所表达的各类信息，大多经过了人的理性思考和总结加工，因而大多蕴含着人的意识中更深层次的东西。而以传递人的情绪和欲望为主的身体语言，在大多数情况下是一种无意识的自然动作，它来源于人先天的动物本能和遗传形态，同时也受一定文化习俗的后天熏陶。

学习研究身体语言，至少具有以下几方面的重要意义：

一、学习各种符合社会规范的身体语言，使个人的身体语言社会化

每个人在婴幼儿时期就开始运用身体语言。最初运用的身体语言具有先天遗传的性质，仅仅表达人的基本感情和原始表情，如喜怒哀乐、饥渴痛痒等。随着年龄的增长，身体语言的学习范围扩大到后天习得的某些社会规范化的类型，如礼貌动作、卫生习惯等。有意识地学习身体语言，将促进个人身体语言的社会化，帮助我们获得社会的认同。

二、了解他人的内心世界，领会对方表达的深层次心理信息

身体语言比有声语言更能真实地流露出人的情感和欲望。因此，首先在医学、文艺、公安等领域，掀起了研究身体语言及其丰富含义的热潮。接着，语言学、传播学、美学，特别是各类管理学科，也相继开始关注身体语言而且越来越广泛地对此进行了研究与应用，从而更深入地了解了人的心理和生理，并且更有效地促进了本学科在各个领域中的广泛应用。

三、帮助人们有意识地运用身体语言，使个人的事业获得成功

绝大多数身体语言是可以通过学习掌握并加以控制的。一旦学习和掌握了身体语言丰富的内容与各种形式，就能帮助人们从无意识到有意识，从家庭小范围到社会大环境，把握自己的身体语言，让它更有效地为个人生活、工作服务，从而取得成功。在发言时，身体语言技巧的运用，会直接影响发言的效果。自然、适度、灵活、优雅是对身体语言的基本要求。在登台发言中，身体语言有两种：站姿和坐姿。站姿比坐姿更具有表现力，而坐姿则要把听众的目光吸引到胸部以上，训练起来难度要更大些。

1. 头部语言的运用

如果不是表达的需要，发言人的头部就一定要避免往一侧偏，也不要抬得过高或垂得过低。因为面对听众时，发言人在众目睽睽之下会感受到一种"视线压力"，变得怯场。但是，发言人是不能无视听众视线的。调整怯场心理的办法有两种：一是运用"回避目光法"；二是把自己的视线投向听众中频频点头的人，从而增强发言的信心。大胆地将视线对准听众，你与听众之间才会营造出一种亲切交流的氛围。

"眼睛是心灵的窗户"说的是人的紧张、疲劳、喜悦、焦虑等各种情绪都会清楚地写在脸上。而复杂的面部表情会让听众留下极其深刻的记忆。如果表情单调、呆板，那么你的发言也就毫无说服力可言。而且发言时，表情切忌做作，初学登台发言的朋友则要注意避免那些表示羞涩、胆怯或掩饰口误的消极表情。

2. 手势语言的运用

职业演说家通常都要训练自己的手势语言，而非职业演讲者在设计讲话时的身体语言时，考虑得最多的往往也是手势语言。由此可见，手势语言在发言中的地位是不容忽视的。那么，在登台发言中，不同的手势表达不同的情感与意愿。

手心向上常常表示风趣、幽默、坦诚、直率、奉献、许诺等。例如当讲到"从这里，我们又将踏上新的征途，去收获另一个金秋"这类语句时，你可以单手手心向上，从胸前缓缓向前方偏上的角度伸出；当说到"此刻，让我们伴随欢快的音乐，跳舞吧"，你也可以两手手心向上，从胸前往前平伸，左右适度地分开。手心向下一般表示否定、抵制、反对、抑制、消失、宁静等。如当讲到"仁慈的人大声疾呼：'和平！和平！'但是没有和平"的时候，你的手势语可以设计为两手手心向下，手掌有力而均衡地向两边划开，但肘部的动作幅度不能太大；当讲到"月光洒落在静静的小溪和树林上"这类演讲词时，你的手势语可以是单手手心向下，往前伸，然后从内向外缓缓移动，表现出月夜山野的宁静。

两手分开往往表示分离、消极的意义，可用在发言中表达悲伤，消极。如"从此，我们彼此将远隔天涯，在人生旅途上苦苦跋涉"等。

手心向外的竖势姿势总是表示对抗、分隔、矛盾或反对等。例如当讲到"我们从来不吃这一套"时，你可以一只手手心向外或成竖立状，用力向前推出。

握紧拳头表示团结、挑战、信心、警告等。例如，当讲到"我们将用行动向你们证明，我们是好样儿的"这类具有挑战、自信的语句时，你可以一只手握拳，拳心向内，有力地在胸前轻微振动。

在发言时，你还可用双手高举、手掌摊开、掌心面对听众的手势语言来表达自己对听众的谢意。

当然，手势语言的表意非常丰富，在此无法一一列举说明。但对手势语言的基本要求是不变的，那就是：尽量简明凝练，不要多次重复而使发言失去吸引力，不要喧宾夺主，从而削弱了有声语言的主体地位。

初学发言者，大多不知双手该往哪儿放合适，那是因为害怕面对众多的听众所造成的。这时，你不妨在发言开始时，以下列方式来处理两手的位置：一是把两只手轻松自如地垂放在身体两侧，稍有先后之分；二是可以用一只手握住演讲稿或者书本，或者麦克风等物品，这样有助于消除你的紧张，使你的手放得更自然；三是当你的前面有讲台时，你可以把手轻轻地放在讲台上。其实，当你投入地去发言时，手就不会不自然了。

初学发言者的手大多会无意识地做出一些多余的或不雅观的动作，比如挖鼻子、捂嘴巴、摆弄钥匙、抚弄纽扣等，这些都是不应该出现的。

3. 身躯语言的运用

在发言过程中，身躯在大多数情况下是面向听众的。但也不是一成不变的，根据发言内容的需要，你也可以侧身或后转身，但一定要整个身躯自然协调地运动，而且时间不宜过长。更不要只扭头而不转身，像个木偶。

如果你是站着发言，不要将身躯倚在墙壁或讲台上。如果你坐着发言，请不要左右扭动身体，也不要把全身紧靠在讲台上。这些姿势会让人觉得你软弱无力，没修养。

4. 腿、脚语言的运用

在发言中，站立姿势以你自己感到自然、舒适为最佳。一般说来，这样的姿势是：两脚叉开站立成 45 度角，类似稍息的样子，但身体重心不变。在发言过程中，你可以稍做走动，或者换换脚，但应进行得自然。运用手势语言时，一般要遵循"步行原则"，即手与脚不能同向，做左手手势时，右脚应在前，而做右手手势时，左脚应在前，这样才会有平衡感。

采用坐姿发言时，一般来说都有讲台遮住身体的下半部分，因此你就不需要再为腿和脚的姿势多费心思了。

以上谈到的仅仅是发言时身体语言的一些一般性原则。初学发言者主要应注意防止消极的破坏性的身体语言的出现，而不必一开始就刻意去追求"一举手，一投足"都要完善和优雅。当发言成为自己的本能习惯时，你就可以形成自己的身体语言风格，在发言中展示真正的自我了。

把握发言的语言色彩

与用语言进行交流的任何方式一样，发言同样需要遵循语言的一般规律。如合乎语法、讲究修辞等。但由于发言人是在公众场合与众多听众进行面对面的直接交流，因此发言更讲究视听结合的效果、情感参与的作用和临场应变的能力。

一、形象、个性、口语

使听众的视觉愉悦，那么你的观点就更容易让听众接受。为了使发言效果更好，发言者除了应注意自己的外在形象和手势语言外，更应注意的是，发言人要善于将抽象的哲理物化为活动的景象，让空洞的说教转化为鲜明的画面。

发言要做到形象化，运用比喻和打比方是最有效的手段。如蔡顺华的题为《小狗也要大声叫》的讲话：

各位朋友，到这个讲台发言的，应该是曲啸、李燕杰、邵守义那样的大人物。我这个普通的青年人站在这里，很不般配哟。（停顿，提高声调）

不过，我很欣赏契诃夫的一句名言："世界上有大狗也有小狗，小狗不应因为大狗的存在而慌乱不安，所有的狗都要叫！"小狗也要大声叫——就按上帝给的嗓门叫好了！今天，我这个自信的"小狗"，就来大胆地叫几声。

这新颖滑稽的开场白引起观众注意后，蔡顺华简单阐释了契诃夫比喻的本意，又很快从"小狗叫"引入了正题：

试想，一个单位、一个部门、一个地区乃至一个国家，倘若只充斥着极少数名家、权威和当权者的声音，虽不算"万马齐喑"，但群众，尤其是最富有创造力的年轻人的智慧和声音被压抑了，哪里会有真正的"九州生气"？

蔡顺华的发言结尾更是围绕着"小狗叫"做了如下结论：

那些腹有经纶但阴柔有余、阳刚不足的奶油小生是不敢"叫"的；那些虽"嘴上无毛"但已深谙"出头椽子先烂"等世俗哲学的平庸之辈也是不敢"叫"的；响亮而优美的"叫声"，往往发自那些有胆识的开拓者与弄潮儿。如果我国的每一位"小狗"都发出了自己的"叫声"，那么地球也会颤抖的！

蔡顺华的发言，通篇利用了"小狗叫"这生动、新奇又幽默的比喻，贯穿始终，使听众在轻松的气氛中接受了一个普通而又严肃的话题。使发言通俗形象，道理深入浅出，还可选用生活中的实例来证明论点。

某些发言需要运用数据说明问题，但仅仅把一连串枯燥的数据抛向听众，就会影响现场活跃的气氛。

世界上没有个性完全相同的两个人，就如世界上没有完全相同的两片树叶一样。发言者曾力求讲出自己的风格，创造出独特的"讲"。每个发言人都有自己的风格。如鲁迅先生是分析透彻、外冷内热、富于哲理的发言风格；郭沫若先生是热情洋溢、奔放跌宕、文辞富丽的发言风格。这就是继形象化后的又一发言技巧——个性化。

发言的个性与发言人自己的个性密切相关。每个人的个性形成与人的性别、年龄、生活环境、生活经历、文化修养、气质、职业等因素有关。如一位女药剂师在第一次品尝啤酒时，脱口而出："哎哟，就像喝颠茄合剂一样！"女药剂师的职业敏感使她把啤酒和颠茄合剂联系在一起，而不像一般人把啤酒比喻为潲水。

当发言者的个性与现场的风格不一致时，发言人的讲话是很难动情的，也很难感染人。发言人文化层次很低，大谈一些极其深奥的哲理，只能是囫囵吞枣地背诵，而即使背诵出来也只显得极其牵强；平时很严肃的发言人，生硬地念充满幽默趣味的演讲稿，总会显得不伦不类。与其这样，不如用符合自己气质、个性的语言进行演讲。

发言风格的个性化还体现为发言中所涉及人物的个性。对于发言中涉及的人物个性不应是一种平白的交代，而要通过生动刻画、语言模拟等手法充分展现。

某些登台发言，即使对其立意和材料挑不出毛病，而且从某种意义上来说，还是绝妙好词，但就是不能给观众留下深刻的印象。原因何在呢？其根本就在于发言人没有把握住讲话的风格，或者发言人的个性与讲话的风格迥异。发言并不是任何人拿着讲稿上台照念一遍就行了，还要注意其鲜明的个性，适当采用语言模拟、神态模仿等手段。

在发言中，不仅要注意语言的形象化、个性化，还要注意讲话语言通俗易懂。若要使每一句话都深入人心，这就必须讲求语言的口语化。听众是否清晰地接受了发言人的话是这场发言是否成功的先决条件。

发言语言不同于书面语言，听众在现场中不可能有余暇去理解某些生僻的词语和隐晦的意思，更不可能像阅读文章那样进行多次的反复领会。口头语言的接受特点就决定了发言语言的特点既要清楚明白、生动形象，同时又具有较强的感染力。要使发言语言达到一个完整的统一体，就必须同时具备形象化、个性化、口语化三个条件，因为它们彼此之间存在着必然的联系而不是静止孤立的。任何一个发言人如果考虑到了这三个因素的重要性，并运用到发言中，那他就具备了成为一个成功的演说家的先决条件。因此，对于初学者来讲，切不可想当然而为之，要把理论的学习和实践结合起来才能达到发言成功的彼岸。

二、幽默、迂回、悬念

在《演讲入门》中约翰·哈斯灵写道："幽默是演讲者与听众建立友好关系的最有效的手段之一。当你讲得听众眉开眼笑的时候，他们也就主动地参与了思想交流的过程。"哈斯灵总结了幽默在演讲、发言中的作用：建立友好关系和促进思想交流。

有时发言人并不直接阐明发言主题，而是以说反话、先贬后褒等手法，迂回达到发言主题，这就是所谓的迂回法。这种手法往往能达到"山重水复疑无路，柳暗花明又一村"的发言效果。

所谓悬念法就是指在发言过程中提出一个听众极为关心的问题后，并不解答，听众又急于想知道问题的答案，从而调动听众的兴趣，让听众参与到发言中去。设置悬念是一种有效的发言方法。某大学举办写作知识讲座，老师在讲到细节描写时，首先设置了一个悬念："请问同学们，男生和女生回到宿舍时，摸钥匙开门的动作有什么不一样呢？"听讲的学生立即活跃起来，有的小声议论，有的抢着回答，有的干脆模拟自己回宿舍找钥匙的动作。主讲教师接着说："据我观察，大多数的女生在上楼梯时，手就在书包里摸摸索索，走到宿舍门口，凭感觉捏住一大串钥匙中的那一片钥匙，往锁孔里一插，门就打开了。而大多数的男生呢？他们匆匆忙忙地跑到宿舍门口，'砰'的一脚或一掌，门不开，才想起找钥匙，把钥匙片往锁孔里一插，打不开，原来钥匙摸错了。"

这一番描述，引起了同学们会意的笑声。教师于是又总结道："把男女生回宿舍摸钥匙开门的动作描述出来就是一处细节描写，而细节描写的生动又来源于对生活的细致观察。"这位教师先巧设悬念，然后再利用解答悬念抛出知识点，取得了很好的教学效果。

三、称谓、节奏、简练

1. 称谓

"你、你们、我、我们"是最常用的称谓，在发言中，这些称谓运用得是否得体对发言的成功有着较为密切的联系。若将"你"与"你们"使用得当，就能集中听众的注意力，因为它时刻提醒着听众去维持一种我是参与者的心理状态，因此有利于拉近发言人与听众的距离，进而使发言获得成功的概率更高。例如一篇题为《硫酸与我们的日常生活密切相关》的讲话：

如果没有了硫酸，汽车将无法行驶，你必须像古代人那样骑马或驾驶马车，因为在提炼汽油时，必须使用硫酸。在你还没有和你的毛巾打交道之前，毛巾就已经和硫酸打过交道了，你的刮胡子刀片也必须浸在硫酸中处理……

但如果"你、你们"使用得不恰当，又可能造成彼此之间的心理鸿沟。例如，在一次学术讨论会上，一位语言学家做了这样的开场白:"刚才几位同志的报告都很好,如果把你们的讲稿被没收,你们还能不能讲得这样好呢?""你们"一词拉开了这个语言学家与其他人的心理距离,有一种居高临下的语气,于是,激怒了其他的语言学家,他们私下议论:"把我们的讲稿没收,我们都讲不好?怎么,把你的讲稿没收,你就能讲好啦,你也太狂了吧!"

其实只要将开场白中的"你们"换成"我们"就行了。

据心理学家统计,精神病患者是使用"我"的频率最高的人。发言人如果频繁使用"我",听众会感觉你是个以自我为中心的人,那么你的发言就不会受欢迎。此外,在发言中,特别是学术讨论中,如果需要谦虚地表述个人的新观点时,就可以使用"我们",听众会因你的谦虚而乐意接受你的观点。

2. 节奏

发言抑扬顿挫是节奏的主要体现。如果没有节奏变化,听众就会昏昏欲睡。著名演讲理论家费登和汤姆森曾说:"关于演讲速度,所应遵守的主要原则,就是随时注意变化。"

发言、讲话中需要慢的地方有:重要的事情、数据、人名、地名、极为严肃的事情、悲伤的感情等。发言中需要快的地方有:人人皆知的事情、精彩的故事进入高潮时、表达欢快的情感等。

停顿(沉默)是控制节奏、吸引听众注意力、调节现场气氛的一种重要方法。以下是几个沉默的实例。

美国前总统林肯是一个很善于运用沉默技巧的著名演说家。当林肯说到某项要点时,会倾身向前,有时直接注视听众达一分钟之久。这种沉默比大声疾呼更有力量。采用这一手段,听众的注意力被高度集中起来了。爱因斯坦应邀到日本某大学访问,不善言辞的校长竟然在欢迎仪式上紧张得忘了欢迎词。他沉默了很久,才讲出一句话："爱因斯坦博士万岁！"

全体集会者在焦急的等待之中，校长异乎寻常而又发自肺腑的呼喊把大家感动得热烈鼓掌。爱因斯坦更是热泪盈眶，与校长紧紧拥抱在一起。

3. 简练

马克·吐温针对"演讲是长篇大论好呢？还是短小精悍好？"这个问题讲了一个故事：

有一个礼拜天，我到礼拜堂去，适逢一位传教士在那里用哀怜的语气讲述非洲传教士的苦难生活。当他说了5分钟后，我马上决定对此事捐助50元；当他接着讲了10分钟后，我决定把捐助的数目减少5元；当他继续滔滔不绝讲了半小时后，我又在心里把捐助金额减到35元；当他再讲了一个小时，拿起钵子向听众哀求捐助并从我面前走过的时候，我却从钵子里偷走了两元钱。

他形象地回答了发言、讲话需要简练。发言、讲话语言提倡口语化和通俗化，但并不是纵容语言的冗长和啰唆。冗长和啰唆既影响表达效果，又会使听众生厌。发言、讲话语言的冗长和啰唆主要是以下原因造成的：

重复论证。如1933年，美国参议员爱兰德尔，为了反对通过"私刑拷打黑人的案件归联邦州立法院审判"的法案，在参议院发表了长达5天的马拉松演讲。有记者统计：爱兰德尔在讲台前踱步75千米、做手势1万个、吃夹肉面包300只、喝饮料46升。但他这次演讲并未达到他预期的效果，原因在于他用了琐碎的事例重复论证。

废话过多。有些发言人在讲话时东拉一句，西扯一句，抓不住要点，思维混乱，逻辑不严密。其发言只不过是废话的大集合，还有什么魅力可言呢？

打官腔。有些身居要职的官员，喜欢说套话。在发言中，貌似流畅、得体，实则空洞无物，令人生厌。有人曾入木三分地总结了这类官场语言：同志们，对于我们的工作，我们应该肯定该肯定的东西和否定该否定的东西。我们不能够只知道肯定应该肯定的，却不知去否定应该否定的；也不能只知道去否定应该否定的，却忘了去肯定应该肯定的；更不能去肯定应该否定的，而否定应该肯定的。

反复客套。反复地客套如"我水平有限，肯定有讲错了的地方，请大家多多指教""对这类问题我缺乏研究"等，使听众觉得你这种"老生常谈"大煞风景，令人厌恶。

总之，在发言语言的技巧方面，我们应该牢记"人类的思考越少，废话就越多"这句名言。

精彩的结束是点睛之笔

一、结尾有力度，让听众回味无穷

现实生活中，很多发言人都深知开场白在发言过程中的重要性，因此，他们倍加重视发言的开头部分，但很少有人愿意在结尾上多作雕琢。他们仅是轻描淡写地草草收场，结果可想而知：费尽口舌发表的长篇大论很快就被人们遗忘。

要想使人记忆深刻，你的结尾必须像开场一样气势磅礴、掷地有声。

演讲的结束语应该简洁有力，余音绕梁。结尾是演讲内容的自然收束。言简意赅、余音绕梁的结尾能够使听众精神振奋，并促使听众不断地思考和回味；而松散疲沓、枯燥无味的结尾则只能使听众感到厌倦，并随着时过境迁而被遗忘富兰克林的制宪会议收尾演讲是这样的：

先生，我承认，这部宪法中的若干部分，我现在还不能同意，但我没有把握说，我将来也不同意这些部分。活了这么大的年纪，我已经历过许多场合……从未在外面窃窃私语。在此四壁之内，我的话语诞生，也在这里消失。如果我们每个回到选民那里去的人，都向他们报告自己对宪法的反对意见，力图获得一帮一派的支持，我们或许要避免大家采取这种做法，免得我们的崇高努力前功尽弃，我们真实或表面的全体一致，自然会在世界各国和我们自己人中间产生出高尚效果和巨大益处。任何政府，为了获得和保障人民的幸福，大部分的力量和效能，取决于印象，取决于民众对政府的良好印象，取决于对治理者的智慧和人格完整的良好印象。为此，我希望，作为人民的组成部分，为了我们自己，为了子孙后代，我们采取全心全意、全体一致的行动，尽我们能力所及，推荐这部宪法（如果得到邦联议会的认可和各邦制宪会议的批准），把我们未来的思想和努力，转向治国安邦。

先生，总的来说，我禁不住想要表达一种愿望：制宪会议中每位对宪法或许还有异议的代表和我一起，就此机会，略微怀疑一下自己的一贯正确，宣布我们取得一致，在此文件上签上他的名字。

在这一收尾中，富兰克林总结了自己发言的观点，发表了自己的愿望——为了我们自己，为了子孙后代，我们采取全心全意、全体一致的行动，尽我们能力所及，推荐这部宪法。如此一来，整个发言在缜密、严谨的推理论述以及有力度的收尾中结束，可谓无懈可击。

那么，发言人怎样才能给听众留下深刻的印象呢？其实要结束一次发言并不那么简单，这需要发言人运用一定的艺术手法。发言人发表讲话，在收尾时需要做到以下几点。

1. 要总结观点

之所以要总结观点，是因为发言人讲话总是有一定的主题和观点。但有时候，一些发言人在讲话的时候，兴之所至，会不知不觉地使谈话范围盖得很广泛，以至于结束时，听众都有点"丈二和尚摸不着头脑"了。

可能很多发言人存在这样的误区，他们认为自己所讲的观点在他们自己的脑海中如同水晶那般透明清晰，所以听众也应该对这些观点同样清楚才对。而事实证明，这只是一厢情愿而已。

因此，发言人在进行一段慷慨激昂的陈词之后，可以用极其精练的语言简明扼要地对自己阐述的思想和观点做一个高度概括性的总结，以起到突出中心、强化主题、首尾呼应、画龙点睛的作用。

2. 要请求采取行动

发言的目的不仅在于传达某种观点，更要有实际效用。成功的发言人在讲话中说最后几句话时，会号召听众采取某种实际行动，并表明时机已经成熟。同样，我们在发表讲话时，也不要忽略这点。不过，请务必遵从以下原则：一是要求他们做明确的事；二是要求听众做能力之内的反应；三是尽量使听众易于根据请求采取行动。

3. 结尾达到高潮

激发高潮就是发言效果层层推进、逐步向上发展，句子的力量也越来越强烈在结尾时达到高峰。这种方法是很普遍的结束方式。不过，往往较难控制，但是如果处理得当，这种方法是相当好的。

4. 把握收尾时间

美国作家约翰·沃尔夫说："演说最好在听众兴趣到高潮时果断收束，未尽时戛然而止。"这是最为有效的讲话结尾方法。因为在讲话处于高潮的时候，听众大脑皮层高度兴奋，注意力和情绪都由此而达到最佳状态，如果在这种状态中突然收束讲话，那么保留在听众大脑中的最后印象就会特别深刻。

这里，需要发言人掌握好时间，使讲话结束得从容不迫，自然得体。我们所说的结尾要有力度，不可贻误最佳的结束时间，当然不是指毫无准备地突然使讲话中断。相反，即使发言恰到好处了，也不可猛丁地来个"问题陈述完毕""以后再谈吧"等。为此，这就要求我们审时度势，对于结束发言应事先有个心理准备，并预先留出一点向结束过渡的时间，为结束发言创造一定的条件。否则，在缺乏思想准备的情况下，丝毫没有过渡地突然将发言终止，不仅会给听者留下粗鲁无礼的感觉，还会令发言显得虎头蛇尾。

当然，发言稿的结尾没有固定的格式，发言人可以或对发言全文要点进行简明扼要的小结，或以号召性、鼓动性的话收束，或以诗文名言以及幽默俏皮的话结尾，一般原则是要给听众留下深刻的印象。总之，发言人发表讲话，要重视收尾，结尾一定要简洁有力，不可草草收场！

二、首尾呼应，深化主题

所谓首尾呼应，就是文章的开头和结尾在内容上互相关照、互相呼应，对于前面讲的内容，后面要给出相应的交代。而这一手法，同样可以运用于发言人的讲话活动中。发言收尾过程中，常出现以下两种情况：一些发言人说话收尾拖沓冗长，犹豫不决；另外一些发言人倒是毫不犹豫，甚至戛然而止，使听众不知道中间的空白是暂时停顿还是最后的结束。而精彩的发言在收尾时往往能斩钉截铁，并能与开场白时吸引听众注意力的办法相呼应。

尼日利亚的渥雷·索因卡是第一个接受诺贝尔奖的非洲人，他在 1986 年诺贝尔文学奖授奖仪式上做了题为《这一段过去必须诉诸现在》的演说。他的演说回溯非洲历史，特别是南非的历史。这段历史不仅控诉种族歧视政策，也深挖那些心照不宣默许种族歧视在南非继续存在的政府。演说既表达了这位非洲作家对自己任务强烈的、有时是使人筋疲力尽的献身精神，又间接地回答了别人关于他对艺术家责任的批评。

索因卡在结束演说时告诫白人听众说，虽然由于"黑色人种的宽恕能力"（那是"根植于他们的世界观和真正的宗教的道德训诫所熏陶出来的"），迄今为止尚能使争端趋向和解，但这一事实"并不能用来证明黑人的忍耐是无限的、黑人是毫无批判能力的"。这一结尾振聋发聩，引人思考。

在渥雷·索因卡演说的结尾，他采取告诫式的方式再次重申了自己演说的主题，首尾呼应，引起了人们对某类问题的关注和思考。

首尾呼应重在结尾对开头的呼应。那么，发言人如何才能做到首尾呼应呢？

1. 重述开头法

重复式的结尾方式是强有力的，它使发言主题更加清晰，并且能够创造出一种节奏感，维持发言人与听众之间的联系。对于任何一个发言来说，这都是一种安全、自然的结尾方式。

1989 年，西班牙的卡米路·何塞·塞拉·特鲁洛克获诺贝尔文学奖，塞拉在授奖仪式上发表了题为《虚构颂》的演说，他这样结尾："通过努力和想象人最终可以成其为人。在这种很大一部分尚未完成的事业中，虚构在任何时候任何情况下都是一个决定性的工具：在通向自由的无尽的征途上，它能够给人们指引方向"。

结尾直接回归演说的题目《虚构颂》，强化了他自己所倡导的"虚构"的重要性，将他的文学主张重重地烙在了人们的心里。

再次提及开头讲过的笑话或故事，或重复你的主题句和支持性陈述，使它变得更有趣；或者把它稍加改动，使之适用于你的主题，是一种有效而可靠的结束演说的办法。这样做，会帮助你不断敲击听众的心扉，以下这个模式可以帮助你很好地维持与听众之间的联系：

发言开始时——你将要告诉他们什么？

发言过程中——告诉他们。

发言结束前——你已经告诉了他们什么？

发言人可以在发言中运用以下这些收尾话术：

"我已经说过，同事们，你们都是全公司最优秀的团队。每年，你们都以公司最优秀员工的身份站在领奖台上，你们已经无数次向其他所有人展示怎样才能取得优异的成绩。我很高兴，也很荣幸能够和你们一起走向成功。"

"可见，我们必须学习一些新软件的操作方法，以便接受并掌握总部所投资的新型的顾客数据库系统。"

"说实话，我们现在不得不改变我们为顾客服务的方式，为那种逐一追踪的销售模式画上一个句号，并创造一个新的系统，让我们随时了解生产线上每一产品的情况。"

"我已经要你们接受管理方式上的转变，并祝贺与支持詹妮弗升任我们的区域销售总监。"

虽然这并不是一种别致、激动人心的结尾方式，但是它不仅能帮助你重申发言主题，还能帮助你巩固信心，特别是当你振奋精神、让你所说的最后几句话具有了一种像音乐一样的旋律时，这种结尾方式对你最为有利。

2. 回答发言开场的问题

举个很简单的例子：

"生命是什么？生命是或起或落，飘忽不定的云吗？生命是傲然挺立，高耸入云的树吗？生命是奔流到海，不舍昼夜的河吗？

"生活告诉我们：生命是云，为了理想奔走四方；生命是树，为了理想永远向上；生命是河，为了理想顽强执着。"

这是某次发言的开头与结尾，开头提出问题"生命是什么"，并且用比喻排比的句式具体化了问题。结尾部分，发言人对开头提出的问题一一回答，使抽象的生命更加具体，并揭示了生命的真谛在于奋斗，在于坚持，在于永不言败。如此一问一答，首尾呼应，升华了发言的主旨。

可见，发言人在收尾时若能做到首尾呼应，那么不仅能照应文章的开头，还能升华讲话的主题。

三、画龙点睛，点醒台下听众

元朝学者乔梦符对写文章有个"三段论"的说法，即"凤头、猪肚、豹尾"而发言人发表讲话与写文章一样，也需要有"引子"、"正文"和"收尾"。这三个部分在发言过程中缺一不可，且发言人只有把这三个部分处理得好，方能使得一次发言有个满意的结果，否则，就有可能使发言陷入拖沓、无味，甚至不知所云的窘境。

因此，无论发言人在发言时追求怎样的艺术效果，在结尾时都必须要达到总结陈词、点醒听众的作用。不要敷衍潦草而含混不清地说出最后一句话，或者用最后几分钟收拾自己的讲稿笔记准备溜走。

那么，发言人该如何收尾才能起到画龙点睛、点醒听者的作用呢？

1. 总结发言的中心内容和思想

发言人讲话，总是有一定主题的，在你发表完一段慷慨激昂的陈词之后可以用极其精练的语言，简明扼要地对自己阐述的思想和观点做一个高度概括性的总结，以起到突出中心、强化主题、首尾呼应、画龙点睛的作用。

如讲稿《永照华夏的太阳》的结尾：

我们是从哥白尼日心说中认识太阳的，我们又是从历史的迁徙中认识中国共产党的。八十年过去了，八十年斗转星移，日月变迁。太阳的辐射仍依托马列主义的热核释放出它巨大的能量，从而去凝聚着属于它普照的民族和人民。月亮离不开地球，地球离不开太阳，人民离不开党。祖国的未来，中华的腾飞，需要中国共产党的领导，党就是永照华夏的太阳，也就是我们心中的太阳。

这个结尾高屋建瓴，巧妙地从自然界的太阳与华夏儿女心中的太阳的对比中，总结归纳出了"地球离不开太阳，人民离不开党"的结论。字里行间流露出对太阳的希望与向往，对共产党的歌颂与赞扬，给听众留下了深刻的印象。

2. 抒发感慨式

发言人在结尾抒情怀、发感慨的内容，本身就是整个发言的核心思想，而把这些思想注入自己的情感，最易激起听众心中感情的浪花。如讲稿《奉献之歌》的结尾：

啊！奉献，这支朴实的歌，这支壮烈的歌，这支深远的歌，这支永远属于母亲——我们的祖国的歌，让我们每一个中华儿女都来唱这支歌吧！

这个结尾，感慨万千，诗意浓浓，情真意切，情理俱在，给听众以极大的鼓励。

3. 号召、希望式

发言人用提出希望或发号召的方式结尾，以慷慨激昂、扣人心弦的语言，对听众的理智和情感进行呼唤，或提出希望，或发出号召，或展示未来，以激起听众感情的波涛，使听众产生一种蓬勃向上的力量。如讲稿《一位纪委书记的"小家"和"大家"》的结尾就是用提出希望的方式。

同志们，朋友们，我们正处在一个伟大变革的黄金时代，经济的发展，国家的富强，民族的振兴，需要全体人民的艰苦奋斗，特别是共产党人的模范带头作用。如果每一个共产党员都能正确处理好"小家"和"大家"的关系，严格地按党性原则要求自己，用党的纪律约束自己，用党旗下那神圣的誓言激励自己，那么我们党的形象将会更加光彩照人，我们党将会更加坚强伟大！

这种结尾的方式是发言人用深刻的认识和独到的见解向听众提出希望、发出号召，能使听众精神为之一振，具有动人情、促人行的作用。

4. 警醒听众式

1971年，智利作家巴勃罗·聂鲁达在题为《通向光辉之城》的诺贝尔文学奖受奖演说中提出，文学公开的推动力量在于提高诗人与公众联系的责任感，并承担社会进步变革的责任。这位智利获奖者用一个警句"诗是不会徒然吟唱的"结束了他的演讲。这个结尾既充满哲理，又给人鼓舞。

发言人在使用这种收尾方式突出重点时，应当注意，发言的目的重在鼓舞人心，而非危言耸听。

5. 评价式

评价式结尾在令人思索的同时，也能给人力量。

英国的 T.S. 艾略特是 1948 年的诺贝尔文学奖得主，他的受奖演说简短而富有个人特征。艾略特以对诺贝尔文学奖象征意义的评价结束他的演说，他形容这次奖励"主要是对诗歌的国际价值的肯定"。有了这样一个相信诗歌具有超越和联系不同民族的作用和前提，就必须要指出，一个诗人站在世界的面前，并不是凭自己的成就，而是"作为一个时期的象征，象征着诗歌的伟大意义"。这段评价热情洋溢，具有极强的鼓动性。

另外，发言人在讲话收尾前，应早有准备，要熟记自己的结束语，这样在总结陈述时可以始终保持与听众的目光交流。结束讲话后，短暂地收回目光，然后重新与听众进行目光交流。这时，你会感到大家的注意力又从演讲内容转移到你身上。这时不要忘记为听众留下肯定的自我印象，从而不至于削弱最后一句话的效力。

总之，好的结尾能揭示题旨，加深认识，给听众留下完整深刻的印象；能收拢全篇，使通篇浑然一体；能促人深思，令人觉醒，让听众在反复回味中受到教育和启发。

四、热情洋溢的结尾，博得满堂彩

结尾对于讲话的重要性早已毋庸置疑。一个发言人能在结束时赢得笑声不仅是自己讲话技巧十分成熟的表现，更能给本人和听众双方都留下愉快美好的回忆，同时也是登台发言圆满结束的标志。

在所有的结尾方法中，幽默式结尾是最能被听众接受的。发言人在公共场合的讲话，如果也能以用幽默、风趣的语言结尾，那么，可为发言添加欢声笑语，使发言更富有趣味，令人在笑声中深思，并给听者留下一个深刻的印象。

当然，发言人利用幽默结束发言时，要做到自然、真实，使幽默的动作或语言符合发言的内容和自己的个性，绝不要矫揉造作、装腔作势。否则只会引起听者的反感。

那么，怎样才能达到这种效果呢？

1. 造势

我国著名作家老舍先生是很幽默的。他在某市的一次演说中，开头即说"我今天给大家谈六个问题"，接着，他第一、第二、第三、第四、第五，井井有条地谈下去。谈完第五个问题，他发现离散会的时间不多了，于是他提高嗓门，一本正经地说："第六，散会。"听众起初一愣，不久就欢快地鼓起掌来。

老舍在这里运用的就是一种"平地起波澜"的造势艺术，打破了正常的演讲内容，出乎听众的意料，从而收到了幽默的效果。

2. 省略

1985 年年底，全国写作协会在深圳罗湖区举行年会。开幕式上，省、市各级有关领导论资排辈，逐一发言祝贺。轮到罗湖区党委书记发言时，开幕式已进行了很长时间。于是他这样说："首先，我代表罗湖区委和区政府，对各位专家学者表示热烈的欢迎。"掌声过后，稍事停顿，他又响亮地说："最后，我预祝大会圆满成功，我的话讲完了。"他以迅雷不及掩耳之势结束了演讲。听众开始也是

一愣，随后，即爆发出欢快的掌声，

这位书记从"首先"一下子跳到"最后"，中间省去了其次、第三、第四……这样的讲话，如天外来石，出人预料，达到了石破天惊的幽默效果，确实是独具风格，别出心裁。

3. 概括

某大学中文系一次毕业生茶话会，首先是系党总支书记讲话，三分钟的即兴讲话主要是向毕业生表示祝贺。然后是彭教授讲话，主题是希望同学们继续努力学习，还引用了列宁的名言。第三个讲话的潘教授朗诵了高尔基的《海燕》片段，以此勉励毕业生们学习海燕的精神。第四个讲话的系副主任希望同学们永远记住母校和老师们。紧接着，毕业生们欢迎王教授讲话。在毫无准备而又难以推辞的情况下，王教授站起来，先简单地回顾了数年来与同学们交往的几个难忘片段，最后一字一顿地说："前面几位给大家提出了殷切的希望，可我还是喜欢说他们说过的话。（笑声）第一，我要祝同学们顺利毕业！（笑声）第二，我希望同学们'学习、学习、再学习'。（笑声）第三，我希望同学们像海燕一样勇敢地搏击生活的风浪。（笑声、掌声）第四，我希望同学们不要忘记母校，不要忘记辛勤培育你们的老师们！"

在这里，王教授通过对前面四个人的演讲主题的简练概括，旧瓶装新酒不落窠臼，结束了一次机智、风趣且具有个性特点的演讲。

4. 对比

鲁迅先生在结束《在上海中华艺术大学的演讲》时说：

"以上是我近年来对于美术界观察所得几点意见。今天我带来一幅中国五千年文化的结晶，请大家欣赏欣赏。"说着，他一手伸进长袍，把一卷纸慢慢从衣襟上方取出，打开一看，原来是一幅病态丑陋的月份牌。顿时，全场大笑鲁迅先生借助恰到好处的道具表演，与结束语形成鲜明的对比，极具幽默感；不仅使演讲在欢快的气氛中结束，而且使听众在笑声中进一步感受到先生演讲的深意。

第五章

调节发言的氛围，让现场
更有感染力

全力以赴，获得好感

一、全力以赴

诚实、热心和认真的态度，能帮助你达到目的。一个人的强烈情感，能使他展示真正的自我，这是因为强烈的情感能清除一切障碍。这样的发言人，其行动和讲话犹如在无意识中进行的。这种自由发挥的状态就是发言的最佳境界。

在英国，有一位名叫乔治·麦克唐纳的传教士，他在布道时发表了题目叫《致希伯来人书》的演说，给人留下了深刻的记忆。他说：

各位都是信仰虔诚的人，对于信仰的含义，相信已有了一定的了解，用不着我多说，何况还有许多比我更优秀的神学教授在这儿，我之所以站在这里，只是为了帮助你们加强信仰。

这时，他把全部注意力都集中到讲话中去了。为了使听众产生真正的信仰，并且虔诚地表达出来，他全力以赴地演说着，他那充满热情的话语将眼睛所无法看到的永恒真理和自己坚定的信仰，生动具体地表达了出来。他说话态度诚恳、感情真挚，这一切反映了他淳朴敦厚的内在气质，而这种发言态度正是他成功的关键。

柏克·艾德曾写过出色的发言稿，被美国各大学当作雄辩的成功典范来研究，可他本人的发言却很失败，因为他对珠玉一样的发言稿，缺乏热烈而生动的表达能力，每当他站起来发表讲话时，听众便开始坐立不安，有的咳嗽，有的东张西望，有的走动，有的打瞌睡，有的干脆走出会场，这种情形在会场里实在令人尴尬。因而他得到一个"晚餐报时钟"的绰号。

一枚足以穿透钢板的子弹，如果用手投掷的话，就连衣服的一角都损伤不了，因为它没获得足够的速度，所以没有强大的动能；相反，如果你把豆腐当子弹发射的话，它也无法损伤什么。同样一篇十分精彩的发言稿，如果在它的背后没有高水平的发言技巧来加以再现的话，那么其效果就会和发射豆腐一样软弱无力。因为它虽有速度，但是本身质地却很软。

二、让听众产生强烈的好感

发言追求的是一种自然的表达。这种表达是指把自己心中所想的事，所积聚的情感，诚恳地用言语和表情表达出来。掌握了发言技巧的发言人，在发言时就会注意使用比较丰富的词汇来描述，从而扩大自己的内涵所能表现的范畴。如果你认为缺乏改变自己的能力，那么这种表现就难以进行；如果你对改变自己的方法很重视，那么你就会寻找到适合你个性的表达方式。比较积极有效的方法有：经常检查自己发言时音量的高低、速度的快慢、节奏的强弱等。检查方法：录下自己的讲话，然后边听边做自我分析，或是请朋友听了你讲话后来评判。当然如果能请到专家予以指导，那么发言技巧会达到更高的境界。

同时，你要记住，不要把太多注意力放在你的表达方式上，那样会使发言流于形式。因此，你面对听众发表讲话的时候，一定要满怀热情、全力以赴地去争取听众产生强烈的好感，只有这样，你才能够自由地表达你的思想、意念、情感，才能使你的发言具有极强的说服力。

表达自己的技巧

仅有自信和对听众的了解是不够的，还要注意登台发言中的表达技巧。这里所说的表达技巧指表达方式和措辞方面的基本技巧。

一、表达方式的技巧

表达方式不同，则效果迥异。说："我很讨厌他"或"我不喜欢他"，就不如说"我对他的印象不怎么样"。对一个看来超过 40 岁的人，与其说"你还不太老"，倒不如说"你现在可正值壮年"。这样别人就会认为你是一个很会说话的人。

为什么会出现这种效果上的差异呢？其实原因很简单，说话人的态度是否谦恭，其问话是否合乎听者的心理，都会直接影响到说话的效果。因为任何人都希望得到别人的尊重和体谅。问话如果不尊重和体谅对方，自己就会自讨没趣。

二、措辞精妙的要诀

在发言中，措辞的精妙和恰当也是非常重要的一环。如果措辞词不达意，或者粗俗不堪，或者故弄玄虚，那么不管内容有多好，也不会取得良好的效果。要做到措辞简洁精妙，我们在谈话中应注意以下几个方面。

第一，尽量简洁明了。说话一般是越简洁越好。有些人在叙述一件事情时，本来只需一两句话就可说明，但他拉拉杂杂说了很多，却仍没有把意思表达出来。听者云里雾里，费了很多的心思，也不知道他要说什么。矫正的最好办法是在说话之前，先打好腹稿，尽量用最简洁、最少的字把要讲的话表达出来。

第二，同样的言辞不可用得太频繁。一般地说，听者总希望说者的语言丰富多彩。我们虽不必像名人那样，字字珠玑，妙语连篇，句句都是深刻精辟的道理，闪耀着哲理的光辉；但也应该在许可的范围内尽量使表述语言多样化，不要把一个词用得太频繁。即使是一个非常新奇的词，如果你在几分钟之内就把它复述了好几次或十几次，那么人们对它的新奇感就会丧失，并对它产生一种厌恶感，进而拒绝接受你的演讲。

第三，要避免使用粗俗的词。常言道："言语是个人素质、修养的衣冠。"一个相貌堂堂，看上去颇为不错的人，如果出口成"脏"，那么别人对他的好感就会消失殆尽。其实，这些人中的相当一部分并非学问、本质不好，只是在追求语言的新奇和俏皮的过程中染上了这种难以更改的坏习惯。试想一想，在一个初次交往的人前，你若说了句粗俗的话，他就会认为你是一个粗俗不堪没有修养不可交往的人。

旁征博引的技巧

所谓"援例"就是通常所说的"用例"或"举例"，以事实证明自己的观点。

有经验的发言人在发言时经常举例。这是因为举例既可有效地说明问题，又能使发言内容充实，形式活泼。即常言说的"事实胜于雄辩"。发言中用例一般应注意以下技巧：

1. 贴切

发言中举例，是为了达到"证明问题、阐述观点"的目的。因此，举例一定要贴切。举例说明不贴切是在实际发言中最容易犯的毛病。

2. 新颖

有些事例，本来很好，但你用过来，我用过去，听众听来也就乏味了，觉得你的发言也不过如此。有人一讲"潜心钻研"就举居里夫人的故事；讲顽强拼搏，就举海伦·凯勒；讲贵在坚持，就举马克思把大英图书馆的地板磨出一道沟，似乎大千世界就这么几个例子可举。这种"炒剩饭"式的举例，恰好暴露出了发言人的弱点：知识贫乏、思维迟钝。其实，只要真正留心，现实中和历史中生动感人的事例何止千万。

3. 典型

典型事例与一般事例不同。一般也能说明问题，但毕竟"一般"不可能最有说服力，更不会引起强烈反响，留下深刻的印象。而典型事例则是最生动、最有说服力的。事例一出口，道理就昭然若揭了。这种事例，源于生活，能深刻反映生活本质和深层的生活哲理。但这种事例往往被一些貌似平凡的表面现象所掩盖，非潜心发掘不可。

4. 具体

举例是为了证明观点，要想观点明确，就必须使例子生动、形象，具有说服力。因此，在发言举例时，不仅要典型，而且要具体生动。要想具体生动，必须有一定的典型细节描绘。

5. 有趣

登台发言，是为了影响人。首先必须吸引人，才能影响人。教学要讲究"寓教于乐"，也有人说过："兴趣是最好的老师。"这样既营造了一个轻松愉快的氛围，又是听众感兴趣的事。这样就很容易让人接受你的观点。

不同风格发言稿的现场感

一、激昂型发言

这种发言风格就如同字面上的意思一样，是一种充满了激情、豪放、爽朗、干脆、刚健的发言稿。激昂型的发言稿要求具有真情实感，案例丰富，具有极强的说服力，并不能单纯地认为，激昂就是大吼大叫。

在发言过程中，发言人的情绪一直处于一种亢奋的状况。这样的发言稿，为了能够产生慷慨激昂的发言效果，在发言稿的写作中，经常要加入非常多引人入胜的情景描述成分，营造出一种神秘、紧迫的氛围。这样的发言稿，一般会大量地运用比喻、设问和反问等修辞手法，通过这样的描写来加强语气，使发言稿语言简洁明了，表达通俗易懂。同时，在发言稿中经常会用大量的排比句，这是因为，排比的句子在朗读的过程中读音是逐步加重的，这样就能够起到一个语气逐渐加强的感觉，使得发言人的音域宽广、音色洪亮，能够使会场的气氛异常活跃，发言人必然能听到听众或是鼓掌喝彩，或是捧腹大笑或痛哭流涕。

激昂型的发言稿是通过发言稿中的每一个字来表现发言人的思想感情，并将这些思想感情施加到听众的感情上，通过发言的过程加强观众的认知。

作为发言人在写作发言稿时，如果想将发言稿写成这种激昂型，首先要确定自己的发言主题是否符合这种类型的要求。如果发言人要做的是一个未受人注意的新观点的发言或者是具有鼓动性和号召性社会政治发言，那么这种具有强烈感染力和鼓动性的发言稿类型，是十分合适的。但是如果发言人在一个社交的场合做一场平和的或是娱乐的发言时，用这种类型的发言稿，无疑就是贻笑大方了。

二、严谨型发言

这种发言风格的总特征是：理智、精深、执着、质朴和稳定。一般地说，这类发言崇尚实事求是、朴实无华，它所刻意追求的是用命题本身去激发听众的思想，是通过对命题的充分论述去说明某个道理。因此，在主题方面，它要求尽可能排除主观性，使发言人对待主题的态度具有客观性，至少要隐蔽到近乎毫无所察的"旁观者"的地步；在选材方面，它的形象材料往往少到最低限度，没有多余的情景描述；在结构方面，着力于对论点进行论证和分析，使其严谨无隙、相互贯通；在语言方面，它讲究工整、鲜明和准确，不可雕琢和粉饰；在声音方面，它的语流比较平稳，没有太大的起伏；在体势方面，它的手势动作用得不多，连发言人的站立姿势和位置都比较稳定。这就是严谨型的发言风格。

很明显，最具有这种风格特点的，当首推学术演说和课堂演说。例如，杨振宁的《读书教学四十年》；我国著名学者和演说家梁启超先生曾应邀在南京等地作了二十余次学术演说，这些演说充分地表现出了严谨的特色。在法庭诉讼演说中，这类风格的演说也是不乏其例的，如古巴卡斯特罗的名篇《历史将宣判我无罪》。我们还注意到，在庄严、隆重的集会上，在某些极为特殊的场合，不少演说也都是这种风格的典范，如华盛顿的《告别词》、林肯的《在葛底斯堡国家烈士公墓落成仪式上的演说》和周恩来的《在亚非会议全体会议上的补充发言》等。

必须指出的是，诉诸理性的严谨型发言，并不是说它不需要或者毫无感情色彩，而是说它们更注重对听众理智的征服；也并不是说它们全然不做加工和修饰，而是说它们很少显示出粉饰的痕迹。也许正是这一缘故，才使得这种发言具有很高的审美价值和巨大的社会作用。事实证明，虽然它在短期内对听众的影响不如激昂型发言那样强烈，但却比后者持久得多、稳定得多、深刻得多。

当然，这种风格的魅力是有条件的。如前所述，对于具有较高智力水平的听众来说，诉诸理性的发言比诉诸感情的发言所能产生的影响确实要深刻得多、有力得多。但是，这类演讲能否产生应有的正效应，除取决于发言人的自身素养外，显然还取决于听众的内在条件。

三、活泼型发言

轻松、亲切、生动、幽默、灵活和多变，是这种发言风格的总特征。在具体的发言实践中，这些总特征既表现在内容的诸要素上，又表现在形式的诸要素上。比如说，在选题上，多是讲一些别开生面的小题目，特别是一些角度新、与现实联系紧密的题目；在题材上，多选用古今中外某些新鲜有趣的材料，喜欢大量引用名言警句、轶闻逸事、典故史实；在结构上，貌似臃肿杂乱，实则是形散而神聚；在语言上，善于运用各种修辞手法，采用一些富有表现力的词语和多变的句式，口语化色彩很浓。此外，这类风格的发言也很注重表情、神态和手势，讲究声音的轻重缓急和抑扬顿挫；喜欢用提纲式和即兴式发言与听众交流；会场气氛轻松活跃，听众常常会发出会心的笑声和鼓掌声。一句话，它既讲内容的厚重，又求形式的多彩。

不言而喻，活泼型发言同样有着独特的魅力。但是，它也很容易引导人们走上另一个极端，即刻意追求发言的戏剧性效果，因而一旦处理不妥，即使是最出色的演说家，也会成为人们的笑柄。有许多事实证明，俄国著名演说家普列汉诺夫也是擅长活泼型演说的高手，然而随着时间的推移，他后期的不少演说表演化倾向越来越明显，常常"带有做作的热情与戏剧式的姿态"。

因此，发表这类演说，文学性和戏剧性一定要使用得适可而止，尤其要防止过分幽默。如果都是夸饰的言辞、栩栩如生的形象、引人入胜的情节、朗诵般的腔调和表演化的姿态，就会使演说喧宾夺主，以辞害意；如果节外生枝，随意穿插与主题无关的笑料，就会破坏演讲主题的严肃性，进而破坏演说的效果。这些都是发言人应该特别注意的。

四、深沉型发言

深沉型风格的总特征可以概括为：恳切、凝重、深邃、含蓄和柔和。说它恳切，是指发言人的态度一般都比较诚恳，有实事求是之意，无哗众取宠之心；说它凝重，是指发言的内容通常都比较严肃，有相当的分量；说它深邃，是指发言的思想一般都比较深刻，有相当的力度；说它含蓄，是指发言的感情不尚外露，看似风平浪静，实为倒海翻江；说它柔和，一是指发言的音调较为低沉，节奏也较缓慢，力度对比不太强烈，二是指发言的体态动作用得较少而且轻缓，主要依靠面部表情。由此看来，这种风格既明显地区别于激昂型发言，也明显地不同于活泼型；在某些特征尤其是某些形式特征上，虽然它和严谨型发言有一定的相似处，但从这些特征表现出来的强弱程度来看，从这两种风格总的色彩、总的面貌和总的状态来看，两者还是有很大的差异，基于这一事实，把深沉作为一种相对独立的典型的发言风格，应该说是合情的必要的。

其实，在某些政治外交演说中，在某些意在说服教育听众的训导演说中，尤其是在悼念演说和告别演说中，这种风格不仅大量存在，而且以它特有的魅力显示出了很高的审美价值和强有力的感染力。林肯的《告别演说》和恩格斯著名的《在马克思墓前的讲话》，就是这种风格的典型代表。

不过，在发表这类演说时，应该引起特别注意的是，平柔不同于平淡，也不同于柔弱。平淡是内容的贫乏，是形式的枯燥，它不是心灵的强烈震动和对表现技巧的积极追求；柔弱是内容的浅薄和脆弱，是形式的苍白和软弱，它不是理智的高度升华和对表现艺术的刻意创造。作为一种审美追求，平柔是外柔的美，内刚的美，两者有机统一的美，是一种有特定适用范围的演讲风格。因此，我们不能把它等同于平淡和柔弱。否则，这种演说就将成为听众的沉重负担，其风格也就失去了应有的光彩。

第六章

了解听众的需求，让听众
跟着你的思维走

研究听众的需求

登台发言是讲给听众们听的，是反映人们的心声、愿望的一种推动时代发展的活动，所以作为一名发言人应该懂得人们想了解什么，想知道什么，不能闭门造车，不问世事，不了解群众。发言的内容只有贴近生活，贴近人们的需求，才能打动听众的心。

有一个著名的例子，曹操一次在行军时，走到了一个荒芜缺水的地方，将士们因为干渴而士气低落，这时曹操就说前面有一片杨梅林子，里面的杨梅有酸有甜，水分丰富。兵士们因为想到了杨梅的酸甜而大量地分泌了唾液，这样就不觉得干渴了，这样这支部队才成功地走出了这片地区。

这就是望梅止渴这个成语的来历，这就是因为曹操了解人们的需求是什么而做出的决定。

爱国主义教育是时代的主题，是一个古老而永恒的主题。不管是工厂企业、学校、政府机关都要定期进行爱国主义教育。

在进行有关爱国主义的发言、讲话时，如果我们只是单纯地喊口号，就显得不务实际，变成了唱高调、不求实效的空洞的说教。这样的发言容易使人们产生厌烦情绪，这样就很难起到教育的目的。但是如果我们邀请一些参与过某些战役或者有一定影响的人来发言，由他们来以自己的亲身经历道出一个人是如何爱国的，紧紧围绕爱国这个主题，阐明祖国、事业、人生的关系，这样就能够深深地感染听众，由这些德高望重的人们来传达爱国主义思想，就能够达到宣传爱国主义的目的。

　　作为发言人，怎么样才能了解听众的需求呢？这首先要求发言人了解我们当今社会的特点和需求，同时不要把自己当成高高在上的发话者，而是要把自己当成一个听众，设身处地地想想，听众有什么需求，发言人应该以朋友和对话者的身份，提出听众想要提出的问题，然后给出自己对这个问题的看法与解决它们的办法。只有这样才能使听众觉得演讲者是在和他们讨论一个问题，而不是在发号施令。

分析听众的心理

　　所谓的分析听众的心理，是一个发言人的最基本的工作。我们分析听众的心理，并不是为了迎合观众，而是为了了解听众，贴近听众，是为了保持发言的真实性、独立性以及演讲的公正性。

　　之所以这么说，是因为观众来听发言人讲话，首要的目的是从发言中得到心灵的安慰。这也就是我们说的"好的发言能给予人们心灵的共鸣"。

　　发言人通过语言来安抚听众的情绪。所以，作为发言人，通过分析听众的心理，在准备材料时多寻找些能够符合听众心理的材料。

　　分析听众的心理的另一个重要的作用，在于通过选择听众喜欢的材料来引起他们的兴趣。

　　想要诱导人们听取发言人的讲话，先得给对方一点小奖励；引导对方做一件很重大的事情时，就得给对方一个强烈的刺激，使之对此事抱有成功的希望。因为当他被一种成功的意识支配着，他就会为可能到来的美好结果而去不断尝试。

人们在这个世界上，大部分时间都是在思考自己，我们会思考我们的生活、工作、学习、家庭。同时我们还会幻想，幻想我们的未来，或者产生一些奇异的梦。

那么对于这样的人，我们在进行发言时只要选择和自身发展等相关的方向，就能够引起他心灵的共鸣。一旦听众产生了与发言人共鸣的感受，可以说发言已经有了一个成功的开篇。

曾经有一个青年，向一个大文学家说："我需要活着。"但是这位文学家却回答他："我看不出你有活着的必要。"

这位文学家说这样的话，并不是希望这位青年人去死，只是青年人的话无法感动文学家的心灵，文学家感觉不到青年的活力。

这个实例说明，一个发言人，或许他脑子里有许多精妙的题材，有优秀的发言稿，他设计了生动形象的现场表现方案。然而他每次讲起话来却十分死板而缺乏生气，就像是背稿一样，这样的发言稿甚至都不能感动发言人自己，又怎么能感染听众呢。

这种现象出现的原因就在于发言人不够了解听众的喜好，不能用脑中的题材，结合听众的需求表达出来。他缺乏一种精神活力，他对于自己所要讲的话，总觉得好像没有说的必要。这样他的发言无法感动自己，更无法感动听众。

所以，华丽的辞藻仅能耀人眼目，对于发言人而言，却不能感动人心，需要把自己的活力调动出来，将自己的情感投入到发言当中去。演讲必须伴以热忱和真诚。

当发言人发现听取他讲话的听众们总是昏昏欲睡时，首先他要检讨一下自己的发言是不是没有打动人心的力量，这时就要像许多著名的演说家那样，学会在台上刺激一下听众。

这种刺激可以通过语言、动作、神态等多种手段来实现。

征服听众的方法

有时候发言有其非常明确的功利目的：发言需要"征服听众"，让他们随着发言人思考而思考，让他们的行动跟随发言人的脚步。

这种"征服"的效果，不能通过混淆视听、欺骗蒙蔽的手段来达到目的，而要靠真情实感来感染听众。

古往今来，"尊重"都是"征服公众"的一个重要条件。自尊心与安全感是人的共性。要征服一个人首先要尊敬这个人，这是征服听众的必要条件。发言人登上讲台之后，他的一举一动都一览无余地展现在了别人面前，每一个下意识的动作都会影响到听众的感受和对发言人的评价。所以只要发言人怀有一丝一毫的骄傲，就会在讲台上被无限放大。因此应谦虚谨慎地向听众表示你的诚意。这样，听众才不会小看你，相反还会认为你是一位诚实坦白、值得信赖的人，你的发言即能在一种融洽的氛围中进行并取得成功。

孔子是中国著名的思想家、文学家，是儒家的代表，但他从未以他渊博的知识向别人炫耀，他总是以包容一切的博爱精神来感化别人、教化世人。作为发言人，必须懂得这个简单的道理，并采取相应的措施。

其次，要征服听众，就应有卓越的发言才能。所谓发言才能就是发言人的口才和语言能力。这是通过长期的锻炼和学习来实现的。作为发言人，可以从这几个方面来加强自己的语言魅力：有新奇的观点；所有论述都是真情实感；有的放矢，尊重事实；思维清楚，加强语言的逻辑性；合理地安排发言的布局；运用多种修辞来加强影响力；保持语言生动形象，有活力；语言简洁有力；声情并茂，感人至深。

如果你能较好地完成这些要求，那么就有了征服听众的较大把握。同时还要注意环境、音响、时间等因素的作用。

选取与听众有共鸣的事情作为话题

对于人们来说，自己亲身经历过的事情说起来总会比较得心应手，一个人说得最生动、激昂、富有吸引力的，必定是自己最熟悉、最了解、最清楚的事物。

而作为听众最为关心的是与其生活息息相关的现实问题，是他们在生活中能够见到听到的熟悉的事情，空泛的理论是无法吸引他们的注意力的，所以有真情实感的发言总是比单靠从书本、报纸、杂志上东拼西凑的东西要感人。

每个人的生活和经历都不尽相同，以个人的生活经验为话题展开发言，发言人往往以个人生活中的小事为例子，这样的小事往往是神秘、特殊而隐秘的，带有鲜明的个性，很少能和其他人相重复，同时可以满足人们的好奇心。

吸引听众关注内容的技巧

听众的注意力是有限的，无论发言者怎样努力，总会遇到听众注意力不集中的情况，在这种情况下，发言人就需要想一些办法把听众的注意力吸引回来，否则就会导致讲话的失败，会场秩序的混乱。

一、声东击西

所谓声东击西,兵法原文是这样写的:"凡战,所谓声者,张虚声也。声东击西,声彼而击此,使敌人不知其所备。则我所攻者,乃敌人所不守也。"它的意思是:凡是作战,所谓声,就是虚张声势。在东边造声势而袭击的目标是西面,声在彼处而袭击此处,让敌人不知道如何来防备。这样我所攻击的地方,正是敌人没有防备的地方。

声东击西,是忽东忽西,即打即离,也是一种发言方式。如果我们发现听众对于发言的内容出现了疲劳和厌倦,采用正攻的方法是无法取得预期效果的,而采取佯攻,突然说些表面上和发言没有太大关系的内容,反而能够引起听众的好奇心。

因此,在同听众的接触中,不要太急于暴露自己的意图,尽量将对方的注意力转移到他所感兴趣的地方,使对方逐渐对你产生信任感,从而建立起良好的关系,此时发言才能取得良好的效果。

二、投石问路

当发言人不确定某个论点是否能吸引观众时就可采用这种方式。

有时,为了了解对方心中的秘密,又不便直问,可以用"投石问路"的曲问法进行试探。对于一些敏感的人来说,问者便显得谨慎。投石问路之法也被广泛运用于审讯之中。

尊敬的 Bok 校长、Rudenstine 前校长、即将上任的 Faust 校长、哈佛集团的各位成员、监管理事会的各位理事、各位老师、各位家长、各位同学:

有一句话我等了三十年,现在终于可以说了:"老爸,我总是跟你说，我会回来拿到我的学位的！"

　　我要感谢哈佛大学在这个时候给我这个荣誉。明年，我就要换工作了……我终于可以在简历上写我有一个本科学位，这真是不错啊。

　　我为今天在座的各位同学感到高兴，你们拿到学位可比我简单多了。哈佛的校报称我是"哈佛大学历史上最成功的辍学生"，我想这大概使我有资格代表我这一类学生发言……在所有的失败者里，我做得最好。

　　但是，我还要提醒大家，我使得斯特夫·鲍尔莫（Steve Ballmer）也从哈佛商学院退学了。因此，我是个有着恶劣影响力的人，这就是为什么我被邀请来在你们的毕业典礼上演讲。如果我在你们入学欢迎仪式上演讲，那么能够坚持到今天在这里毕业的人也许会少得多吧。

　　这是比尔·盖茨在哈佛大学 2001 年毕业典礼上所做的发言的开篇，我们都知道比尔·盖茨，1973 年进入哈佛大学，大三时辍学，与同窗保罗·艾伦一起创办了微软公司，成为世界巨富。但是这都不能改变他没有大学毕业的事实，他采取这种方式开始演说，一方面可以活跃气氛，同时可以试探听众对他的态度，可谓一举两得。

三、欲正故谬

　　当发言人发现听众走神时，可以故意将一些简单的问题说错，这样不但能吸引没有走神的听众们的互动，同时能将走神的听众的注意力吸引回来，还能够缓解现场的气氛。

四、欲实先虚

　　所谓欲实先虚，是发言人为了让对方顺着自己的意愿来展开话题而设下的一个圈套。这是因为平铺直叙地将道理讲述出来，有时无法打动听众的心，不能吸引听众的注意力。在这种时候，由发言人先虚设一问，这一问乍一看与发言内容毫无关系，或者让对方摸不清虚实，当对方出答案后，这种答案其实正是发言人想要的，这时发言人就可以抓住对方的话柄，以此为契机，得出想要的结论。这时，听众也就无法否认自己刚才说过的话了，这样也就无法否认发言人的结论了。通过这样的小圈套来达到发言的目的。

历史上墨子曾经给楚惠王讲过这样一个故事，他说："有这样一个人，他自己家有非常珍贵的宝物，但是他却觉得这些都没什么，反而特别喜欢邻居家的破烂的物品。"墨子问楚惠王："你觉得这是个怎么样的人啊。"楚惠王觉得好笑，他觉得这个人大概是有病，还是喜欢偷东西的病，这是一个不识货的"笨蛋"。楚惠王的答案正中了墨子的下怀，墨子接着问，楚国是不是一个物产丰富、土地肥沃的强大的国家，楚惠王当然回答"是"，接着墨子又说到了宋国，他认为宋国是一个地域窄小，物产贫乏，弱小的国家，楚惠王当然不会夸奖其他国家，所以他又回答"是"。

至此，墨子好像问了三个毫不相干的问题，这就使得楚惠王十分好奇，而他的这些答案和他好奇的心理，就是墨子问这些问题的目的。最后墨子问道，如果大王守着强大的楚国，而去攻击弱小的宋国，这样的行为是不是和之前的那个人一样呢。

这时楚惠王才知道自己中了墨子的圈套，但是此时也是无能为力了，只能回答他"是"。这样，墨子就通过几个简短的故事，化解了宋国的危机。

使你的发言具有兴奋点

所谓的兴奋点就是最能够吸引听众注意力的关键点，这是发言的亮点所在，也是一个发言人成功与否的重要因素。

最常见的话题有以下几个：

一、满足求知欲的话题

陌生的知识领域或神秘不可及的事物总是能引起人们的求知欲，使人们兴起探索的欲望，对于不知道的东西，想要弄清楚其工作原理，这是人们的本能，针对这种奇闻轶事展开话题可以大大地吸引听众的注意力。

二、刺激好奇心的话题

西方有句俗语：好奇心害死猫（Curiosity killed the cat）。西方传说猫有九条命，怎么都不会死去，而最后恰恰是死于自己的好奇心，可见好奇心有时是多么的可怕！

可见好奇心是每个活着的生物都具备的特征。发言人可以利用每个人都有好奇心，通过各类趣闻、名人轶事、突发事件、科学幻想、传奇经历等等内容，来激发听众的好奇心。

三、与听众利益密切相关的话题

在很多单位都会有这样一种现象，公司的一些大的发展方向或者整体规划往往不能得到每个员工的重视。相反，每个小的细节例如年终奖金的评定方法、午餐的标准等，这样的事情反而能赢得大部分人的关注，这是因为群众最关心的无非就是涉及自己切身利益的事情。所以，纵观各类登台发言，一旦关系到吃、穿、住、行这样的生活琐事都会非常受欢迎。所以高明的发言人常常能将要讲话的问题和人们生活中的实际利益结合到一起，例如在讲解全球变暖，号召大家爱护环境时，可以不用空洞的说明，而是根据现实生活中的实际情况来说明：夏天气温越来越热等。

四、有关信仰和理想的话题

在物质生活越来越丰富的今天，人们对于理想和信仰的追求也越来越明确，没有探索、没有理想的人几乎是没有的。古今中外，人们都在为信仰和理想而不停地奋斗着。

因此，有关这方面的话题能够被大多数的群众所接受，尤其是青年听众，他们正是人生观、价值观形成的时期，关于信仰和理想的发言对于他们具有良好的启迪。同时也要注意发言的内容必须要有针对性、现实性，符合现实生活，符合时代的需求，只有这样才能达到励志的目的。

第七章 ▷

**预设失控局面，教你
如何机智巧妙救场**

主动调侃自己

当我们登台发言时，由于我们的过失，造成发言中间出现了难堪，这时我们不要责备他人，还是找找自己的责任，采用自我调侃的方式化解尴尬吧。

当我们由于自己的原因，造成尴尬时，最好的办法就是：不要死要面子活受罪，可以采用自我调侃的办法，来得真诚一点，表达自己真诚的歉意，而观众也不会喋喋不休地责备我们，相反还会因为我们的真诚，一笑置之。

然而，当由于他人的原因甚至恶意使你陷入窘境时，逃避嘲笑并非良方，而你殚精竭虑地力图反击，很可能会遭到对手更多的嘲讽，不如来个 180 度大转变的超脱。这种超脱既能使自己摆脱狭隘的自尊心理束缚，又能使"凶悍"的对手"心软"下来。

当然，大多数人制造尴尬都不是恶意的，而是出于不小心，这时候，如果你过分掩饰自己的失态，反而会弄巧成拙，使自己越发尴尬。而以漫不经心、自我解嘲的口吻说几句，却可以活跃气氛，消除尴尬。

在尴尬的场合，运用自嘲能使自尊心通过自我排解的方式受到保护。而且还能体现出说话者宽广大度的胸怀。

尴尬场合，运用自我调侃可以平添许多风采。当然，自我调侃要避免采取玩世不恭的态度。具有积极因素的自我调侃包含着自嘲者强烈的自尊、自爱。自我调侃实质上是当事人采取的一种貌似消极、实为积极的促使交谈向好的方向转化的手段。

找个化解尴尬的"台阶"

在登台发言中，能适时地为陷入尴尬境地的对方提供一个恰当的"台阶"，使对方免丢面子，算是处世的一大原则，也是为人的一种美德，这不仅能获得对方的好感，而且也有助于自己树立良好的社交形象。否则对方没能下得"台阶"而出了丑，可能会记恨终生。相反，若注意给人"台阶"下，可能会让人感激一生。是让人感激还是让人记恨，关键是自己在"台阶"上的表现。

外圆内方的人，不但尽量避免因自己的不慎而使别人下不了台，而且还会在对方可能不好下台时，巧妙及时地为其提供一个"台阶"。这是因为他们在帮助别人"下台"时，掌握了正确的方法。

一、不露声色搭台阶

心理学的研究表明，谁都不愿把自己的错处或隐私在公众面前"曝光"，一旦被曝光，就会感到难堪或恼怒。因此，在登台发言中，如果不是为了某种特殊需要，一般应尽量避免触及对方所避讳的敏感区，避免使对方当众出丑。必要时可委婉地暗示对方自己已知道他的错处或隐私，便可对他造成一定的压力。但不可过分，只需"点到为止"。

既能使当事者体面地"下台阶"，又尽量不使在场的旁人觉察，这才是最巧妙的"台阶"。

二、增光添彩设台阶

有时遇到意外情况使对方陷入尴尬境地，这时，外圆内方的人在给对方提供"台阶"的同时，往往会采取某些妥善措施，及时给对方的面子上再增添一些光彩，使对方更加感激不尽。

面对刁难者有妙招

在登台发言场合，有时我们会遇到别人有意无意地抢白、奚落、挖苦、讥讽，这时该怎么办？"兵来将挡，水来土掩"，应视不同的对象选择不同的应付办法。

一、以毒攻毒

当对方用恶毒的话攻击你的时候，不妨顺水推舟，借他的话回敬对方。

1914 年 9 月 2 日英德两方谈判时，德国首相提出："你们是否要为一张废纸（指保证比利时中立的休约）和我们开战？"乔治对于这样的提问没有辩解或回避，而是做了这样的演讲：

在座诸位没有人比我更不情愿、更反感看到我们被卷入一场大战的前景了。在我的政治生涯中，我一直抱着上述的态度。没有人会比我更坚信，我们不可能既避免这场战争的发生，又不使我国荣誉受到损害。我完全清楚，历来一个国家如卷入战争，就必然要乞灵于荣誉这个堂而皇之的名义。

不少罪行都是在荣誉的名义下犯的。现在就有些犯罪活动正在进行。然而，国家的荣誉毕竟是一个客观存在的现实，任何国家无视这个现实，都是注定要灭亡的。为什么这场战争牵涉我国的荣誉问题？这是因为我们承担着光荣的责任，要保卫一个弱小邻国（指比利时）的独立、自由与领土完整。这国家很弱小，不可能强迫我们这样做。但是如果有人因债权人太穷，无力强迫他还债，便拒绝清偿债务，此人便是一个卑鄙的恶棍。

我们郑重地签订过一项保卫比利时的条约，但是在条约上签字的不仅是我们。为什么奥地利和德国不履行条约规定他们应守的义务？有人提出我国引用这项条约纯粹是借口，说我们施诡计、耍手腕，有意掩饰我们对更为文明发达的国家的妒忌心，我们正企图摧毁这个国家。我们对此的回答是我们在1870年的行动。当时我们也曾呼吁法国和普鲁士遵守这项条约。

条约是代表国际政治家信誉的货币。德国商人和世界上任何其他国家的商人一样有着同样诚实正直的名誉。但是如果德国货币贬值到和她的政治家的信誉一样的水平，那么从上海到瓦尔帕莱索，再也没有一个商人会对德国商人的签字看上一眼了。这就是所谓一张废纸的理论。这就是伯恩哈迪公开宣扬的理论：条约只在有利该国时才有其约束力。这关系到一切公共法律的根本问题。这样走下去，就直通野蛮时代了。正如你嫌地球的磁极妨碍了一艘德国巡洋舰，便把它除去一样，各个海洋的航行就会变得危险、困难，甚至不能航行。如果在这次战争中，这种主张占上风，整个文明世界的机制便要土崩瓦解。我们正在同野蛮作战。只有一个办法能扭转这种情况：如果有哪些国家说他们只在条约对他们有利时才守约，我们就不得不使局势变得只有守约才对他们有利。

二、一箭双雕

抓住主要事实或揭露要害，在自己摆脱困境的同时，通过对比指出对方的弱点，置其窘境。

这个政府借口军队打了败仗，便同敌人接触，谋取停战。

我们确实打了败仗，我们已经被敌人陆、空军的机械化部队所因。我们之所以失败，不是因德军的人数众多，而是败于他们的坦克、飞机和作战战略。正是敌人的坦克飞机和战略使我们的将领们惊惶失措，以致出此下策。

但是难道败局已定，胜利已经无望？不，不能这样说！

请相信我的话，因为我对自己所说的话完全有把握。我要告诉你们，法兰西并未失败。总有一天我们会用目前战胜我们的同样手段使自己转败为胜的。

因为法国并非孤军作战。她并不孤立！绝不孤立！她有一个幅员辽阔的帝国作后盾，她可以同控制着海域并在继续作战的不列颠帝国结成联盟。她和英国一样，可以得到美国雄厚的工业力量源源不断的支援。

这次战祸所及，并不限于我们不幸的祖国。战争的胜败亦不取决于法国战场的局势。这是一场世界大战。我们的一切过失、延误以及所受的苦难都不能改变一个事实：世界上拥有一切手段，能够最终粉碎敌人。我们今天虽然败于机械化部队，将来却会依靠更高级的机械化部队夺取胜利。世界命运正系于这种部队。

我，戴高乐将军，现在在伦敦发出广播讲话。我吁请目前或将来来到英国国土上的法国官兵，不论是否还持有武器，都和我联系；我吁请具有制造武器技术的技师与技术工人，不论是目前或将来来到英国国土的，都和我联系。

无论出现什么情况，我们都不容许法兰西抗战的烽火被扑灭，法兰西抗战烽火也永不会被扑灭。

明天我还要和今天一样在伦敦发表广播讲话。

这是戴高乐 1940 年 6 月 18 日在伦敦英国广播公司发表的讲话。

这篇讲话内容在批判了法国政府的不抵抗政策的同时表示自己一定要坚持战斗，说明法国还是有希望的，这样的演说给予了法国民众希望，而戴高乐从此被法国人称为"六·一八英雄"。

三、巧借比喻

巧借对方比喻中的不雅事物，用与此相克相关的事物作比，针锋相对，给以迎头痛击。

例如，达尔文提出进化论以后，赫胥黎竭力加以支持和宣传，并与宗教势力展开了激烈的论战。教会诅咒他为"达尔文的斗犬"。在伦敦的一次辩论会上，宗教首领见赫胥黎步入会场，便骂道："当心，这只狗又来了！"赫胥黎轻蔑地答道："是啊，盗贼最害怕嗅觉灵敏的猎犬！"

赫胥黎巧借比喻，巧妙地戳穿了宗教首领的丑恶本质和害怕真理的面目。

当你面对别人恶意的侵犯时，拥有随机应变的语言表达功力非常重要。在防卫中运用优雅、得体的语言把你的智慧和大度发挥得淋漓尽致。

主动打破尴尬的冷场局面

在日常生活和社会交往的发言中，尤其是在比较正式的场合，如聚会、议事等常会出现冷场现象，彼此都尴尬。冷场，在人际关系中，它无疑是一种"冰块"。打破冷场的技巧，就是及时融化妨碍交往的"冰块"。

发言出现冷场，现场都会感到尴尬。但只要发言者掌握住了破"冰"之术，及时根据情境设置话题，冷场是很容易被打破的：

一、要学会拓展话题的领域

开始第一句话要注意的是使人人都能了解，人人都能发表看法，由此再探出观众的兴趣和爱好，拓展谈话的领域。如果指着一件雕刻说："真像某某的作品！"或是听见歌唱就说："很有孟德尔颂音乐的风味。"除非是专业人士，否则不仅不能讨好别人，而且会在背后挨骂的。

二、风趣接话转话题

在发言中善于抓住对方的话题，机智巧妙地接答，可以使我们对答变得风趣，从而使现场活跃起来。有一个典型的例子：当我们夸奖对方取得的成绩时，总能听到这样的回答："一般情况"。倘若我们不接着话茬儿说下去，就有点赞同对方的"一般情况"说法的意思，达不到接话的目的。可以这样回答："'一班'情况尚且如此，那'二班'情况就可想而知了。"言外之意是说："你一班的情况才如此的话，我二班的情况就更不值得一提了。"这类搭茬儿，一般是采用谐音、双关的手法，接住对方的话茬儿，风趣地转答。

巧妙地回答对方的话茬儿，可以把原来的话题引向另一个话题，使谈话转变一个角度继续进行下去。

三、适时地提一些引导性的话题

提出引导性话题，可以给他人留下发言时间和空间，特别是对于那些不善于当众讲话的人。

此外，在提出引导性话题时说话还应该注意下面的内容：

如果是由于自己太清高、架子大，使人敬而远之，而造成双方的沉默，在发言中应该主动、客气及随和一些。

如果是由于自己太自负，盛气凌人，使对方反感，而造成了沉默，则要注意谦虚，多想想自己的短处，适当褒扬对方的长处。

如果是由于自己口若悬河，讲起话来漫无边际、无休无止，而导致现场的沉默，则要注意自己讲话适可而止，不要让别人觉得你是在做单方面的"传教"。

冷场的出现，往往与"话题"有关。"曲高和寡"会导致冷场；"淡而无味"同样会引起冷场。不希望出现冷场的交谈者，应当事先做些准备，使自己有一点"库存话题"，以备不时之需。

机智应对无礼的问题

一、打探你的隐私时该怎么说

隐私本是一个人内心深处的不愿被别人知道的东西，但是在发言中，有些人总是会有意或无意地触及别人的隐私。不管问的人动机如何，一旦被问的人回答不好，很有可能会产生一些不良的后果。那么当你面对被问及隐私时该怎样回答呢？下面的几种方法不妨一试。

1. 答非所问

菲律宾前总统科拉松阿基诺，在出席一次记者招待会时，记者问她有多少件旗袍礼服，科拉松阿基诺不假思索地回答："我所有的旗袍礼服，都是一流服装设计师奥吉立德罗为我设计的。你知道吗？她经常向我提供最新流行的服装样式。"别人问数量，她却回答是谁设计的，这样回答明显属于文不对题，然而，那位记者却知趣不再追问了。

2. 似是而非

似是而非的回答往往让那些爱探听隐私的人无功而返，它的奇妙之处就在于听上去你像是在回答对方的问题，但其实这并不是对方想要的答案。

3. 绕圈子

不给出一个明确的答案，只是原地绕圈，迷惑提问者，例如，听众要是问发言人"你体重多少"，发言人可以回答"比去年轻了一点"。也就是回答听众一个暧昧不清的答案。

4. 否定问题

著名影星、孙悟空的扮演者六小龄童，在一次记者招待会上，一位记者问他："当初谈恋爱，你和于虹谁追的谁？"六小龄童回答："到底谁追谁，重要吗？我们都没有想过要'追'对方，因为不是在赛跑，一个在前一个在后，我们是夜色中的两颗星星，彼此对望了几个世纪，向对方眨着眼睛，传递着情意。终于有一天，天旋地转，我们就像磁石的两极一样碰到一起，吸在一起了。"

六小龄童根本就没有回答对方的问题，而是一开始就否定了对方问题的前提，即认为两人谈恋爱不一定是一方主动追另一方，随后便对两人的爱情做了一个浪漫、精彩的比喻。这样既回答了记者的提问，又没有透露自己的隐私。生活中，有人打听隐私的时候，这不失为一个好办法，从一开始就否定对方的问题，自然也就不用按照他的提问来回答了。

5. 直言相告

有时候，对方打听你的隐私时，你可以开门见山，指出对方问话的不当，直言相告地表达自己的不满。

二、不便当众回答的问题时该怎么说

当众回答某些难以回答的问题确实要顶着巨大的心理压力。因为严词拒绝回答问题将有失风度，但照实回答也是不可以的。面对这种难以选择的境地，可以通过下述方法顺利解决。

1. 反踢皮球，把难题还给对方

有时提问者的问题一两句话是难以说清楚的。如果顺着这个思路去回答，势必陷入尴尬的境地。这时，可以巧妙地转移话题，反而把难题转移到对方头上去，自己占据主动地位。

2. 暂退一步，换位思考

当不便回答的问题被提出时，往往是双方都觉得对方的言行不合适，这时，如果采取退一步思考问题的策略，把角色"互换"一下，就能够很顺利地继续交谈下去。

第八章

登台发言，不同情境要有
不同的展现

介绍词怎样说才能别出心裁

在现实生活中，介绍词是我们常见的沟通工具，尤其是在公共场合。它不仅连接演讲者与听众，更是沟通桥梁，为演讲开场营造良好氛围。精彩的介绍词，能够在短短几句话中引起听众的兴趣，让他们对即将展开的演讲充满期待。

介绍词的核心作用不仅在于介绍演讲者，更在于引出演讲的主题。它应该带领听众进入演讲的核心，让大家了解到演讲者在该主题上的专业性和见解。这意味着，好的介绍词必须兼顾两个关键要素：一是演讲的主题，二是演讲者的背景。最重要的是，介绍词要简洁、明了，并在最短时间内完成这项任务。

有些人可能认为，介绍词只是简单地介绍演讲者的身份。但实际上，这样的误解往往会降低演讲的效果，也削减了介绍词的价值。一个精心准备的介绍词不仅能为演讲增色，还能提升听众的参与感。反之，敷衍的介绍只会让演讲变得平淡无奇，甚至失去吸引力。

曾经，有一位名叫约翰·马森·柏朗的著名作家和演讲家，在一次活动中，他对介绍自己的人充满期待。主持人却自信地认为不需要任何准备，声称他从不失手。然而，当他站起来时，先是谈论了几位无法到场的嘉宾，然后才勉强提道："所以，我们只有请约翰·马森·柏朗来替代了。"整个会场顿时鸦雀无声。

柏朗在回忆这件事时打趣道："至少他把我的名字说对了。"这个故事揭示了一个道理：没有准备的介绍词，哪怕充满自信，也可能彻底失去作用。

不过，从这一案例中，我们看到了准备工作在介绍词中的重要性。的确，一般来说，介绍词都很短，一般不会超过一分钟的时间，但还是要仔细准备。

我们需要做到搜集事实，这里，可以从三个内容开始为中心：演讲人的题目、他所能探讨这个题目的资格和他的名字，如果可以，还有第四个内容：他所演说的题目是多么有趣。

介绍人一定要事先了解题目或观点，并要掌握大概演讲者怎么去演说的方向。最尴尬的莫过于演讲者与介绍人所介绍的并不相同，甚至是背道而驰的。而如果介绍人事先做足了了解的工作，也不胡乱揣测的话，这一失误是可以避免的。

不过介绍人最重要的职责就是准确地介绍讲题，并将它与听众关心的问题相联系。所以，条件允许的情况下，你要设法直接从讲演者身上取得资料。如果需要借助第三方的帮忙，比如说节目主持人，就应该设法获得资料，并在会议前向讲演者查证。

不过，通常演讲者努力的方向都是在取得演讲者资格这一方面。假如你要介绍的演讲者是一位家喻户晓、人尽皆知的人，那么，你能从《世界名人录》或类似书籍中获知精确的资料；假如他是一名地方人物，你可以从当地的公共关系或者人事部门获得资料；你还可以去拜访他，最为重要的是，你要确保你获得的材料的准确性。

当然，给出太多的介绍或叙述也会让人不耐烦，比如，假如你已经指出了对方是某方面的博士了，你还继续提他的学士、硕士学位就是多余。同样，你最好是指出对方最高和最近的职务。最要紧的是，对方最了不起的成就要提，而对于那些次要成就则可忽略不计。

获奖致辞如何说才能从容得体

作家玛娇莉·威尔森曾说过这样一句话："我们已经证实，人类心灵最深挚的渴望是被认可——得到荣誉。"网球运动员爱尔蒂·吉柏森，就把这份"人类心灵的渴望"极其恰当地用于自传的书名里。她称它为"我要做重要人物"。

这句话正是表达了人们内心深处的感受。我们都希望自己能与人和平共处，都希望被人称赞，而对于公开场合的别人的嘉奖，一定能更让你亢奋起来。

的确，现实生活中，我们在工作或者学习获得一定成果后，都会得到他人的肯定，其中一个重要的方式就是得到奖励，而此时，为了回馈别人，我们便需要做演讲致辞，不少人为此感到头疼，如何在演讲致辞会上发言呢？对此，我们不妨先来看下面两段致辞内容：

尊敬的各位领导、各位来宾、朋友们：

大家好！作为公司的新员工，能有机会代表部门参加比赛并获奖，我感到十分高兴和激动，此时，我想用三个词来表达我的心情。

第一个词是感谢。谢谢单位领导和同人们对我的信任、帮助和鼓励，我由衷地感谢你们！（鞠躬）

第二个词是自豪。我自豪的是，在我感到人生渺茫之际，公司向我伸出了双手，让我在这片沃土上发展。在公司的培养、造就下，在领导的信任和同志们的帮助下，小小的我才得以成长，我人生的画布上才涂下了一抹最绚烂的色彩。

第三个词是行动。人要懂得感恩，感谢公司领导和同事们的培养和帮助，不是简单的两个字，需要我的行动。我将把这份感谢与感恩化作行动，将自己的全部智慧与力量奉献给公司，勤奋敬业，激情逐梦，在做大做强企业的道路上执着前行，努力做到更好！

"新年伊始，万象更新"，值此新春之际，请允许我向一年多来关心、支持和帮助我的领导和同事们表达我最诚挚的祝福和谢意！

这段致辞中，我们可以看到的是，演讲者将自己的演讲内容分成三个部分，并逐一进行阐述，让听众看到了他谦逊的态度以及继续努力的决心。

为此，对于获奖致辞，演讲大师们总结出这样一个范本：

今天我有幸获得这个奖，很感谢公司领导对我的支持，也很感谢同事们在工作上对我的配合（有需要的话可直接讲出人名或者团队）。其实这个奖，不只是属于我的，它是属于在座每一位的，在座的每一位兄弟姐妹，你们说是不是？（语气激动一点）今天我真的很高兴，高兴的不是因为我得了多少奖金，而是因为我真真正正感受到团队精神的力量，我也觉得自己很幸运，幸运在于我当初选择了这家公司，公司给予我发展的机会，团队精神给予我力量，使我能有今天的成绩，多谢各位。（跟着可以简单讲一下自己有困难时，谁帮过自己）在新的一年，我会继续努力，和大家一起向更好的明天迈进。

从这个范本里，我们也大致能厘清演讲致辞的基本思路：

（1）开场：①问好；②名字；③感谢。

（2）内容：

①归功——今天的成绩是大家支持的结果；

②经历——过去不平凡、感动、难忘的经历回顾；

③感言——发表三点感言。

（3）结尾：

①奉献——继续努力，做更多奉献；

②感谢——最后感谢大家支持。

总之，演讲致辞中，我们应归功于大家，而不应独占功劳，只有这样，才能表现自己谦逊的态度，也才能获得大家的信任，从而继续支持你的工作。

生日庆典场合如何表达祝福

生日是每个人生活中的特殊日子，不论是为自己庆祝，还是在他人的生日聚会上发言，适时表达得体的祝福总是能增添庆典的温馨氛围。那么，如何在生日庆典上发表一段恰当的祝福词呢？让我们通过以下步骤来梳理。

1. 开场致辞

在生日庆典上，开场致辞往往是破冰的关键。你可以用简短且充满热情的语言拉开庆典的序幕。比如：

"尊敬的各位来宾、亲爱的朋友们，大家晚上好！今天是一个特别的日子，我们欢聚一堂，共同为 ×× 庆祝他的生日。在此，我谨代表 ×× 及其家人，向各位的到来表示最热烈的欢迎和衷心的感谢！"

这种开场白既简洁明了，又表达了对来宾的感谢，同时带动了整个现场的情绪，为接下来的流程做好了铺垫。

2. 寿星的登场

接下来，应该隆重介绍寿星的出场，尤其是在儿童或青少年的生日庆典上，寿星是全场的焦点，可以通过一些充满情感的话语，让现场更加热烈：

> "今天的主角，××小朋友，已经度过了12个春秋。在父母的关爱下，他从一个咿呀学语的婴儿成长为一个健康快乐的少年。让我们用热烈的掌声，欢迎今天的寿星以及他的幸福家庭登场！"

这种介绍语调动了全场的气氛，突出了寿星的重要性，同时也让家人们感到倍受尊重。

3. 寿星感言

在生日庆典中，让寿星发表感言是一个重要环节，尤其是青少年，表达他们的成长感悟和对父母及来宾的感谢，会让全场倍感温馨。可以通过引导，帮助寿星说出心中的感谢：

> "××，今天是你的生日，你是否想对在座的亲朋好友以及辛苦抚养你的父母说些什么呢？你是否感受到了满满的爱与祝福呢？来，把你的心情分享给大家！"

这种互动式的引导不仅能让寿星顺利表达感情，也能带动全场的参与感。

4. 寿星亲属发言

接下来，可以邀请寿星的父母或长辈发表讲话，分享他们对孩子成长的感悟以及对亲朋的感谢：

"××从小到大，我们看着他一点点成长，今天的生日对我们全家来说是一个值得纪念的时刻，感谢大家的到来，共同见证这个重要的日子。"

这种发言既温馨又充满感情，能够让现场的氛围变得更加亲密。

5. 互动环节

生日庆典少不了互动环节，比如点蜡烛、许愿、切蛋糕等。可以适时引导大家一起参与，让现场更加热闹：

"朋友们，现在是激动人心的时刻，请大家和我一起为寿星点燃生日蜡烛，唱起生日歌，祝福××小朋友生日快乐！"

这种环节不仅增加了参与感，也能让寿星感受到全场对他的关心和祝福。

6. 结束语

最后，以简洁而温馨的祝福结束整个庆典：

"朋友们，让我们再次举杯，祝愿××小朋友生日快乐，健康成长！同时也祝愿在座的各位，阖家幸福，心想事成！我宣布，宴会正式开始！"

这样的结束语为庆典画上完美的句号，同时也感谢了所有来宾的到场。

在生日庆典的发言中，最重要的是传递真诚的祝福和感谢之情，语言要简单明了，充满情感，并且要注意带动全场的气氛。通过循序渐进的祝福和互动，不仅能让寿星感受到温暖，也能让在场的每个人都感到这场生日庆典的特别与美好。

竞职演讲中如何展现自己的实力

在现代社会，竞争无处不在。无论是职场晋升还是职位竞聘，竞职演讲都是我们证明自己、赢得机会的关键环节。竞职演讲不仅是表达自我的时刻，更是一次"营销自己"的机会。只有让听众看到你的实力，他们才会认可你，愿意将重任交给你。那么，在竞职演讲中，我们应该如何展现实力，脱颖而出呢？

1. 精心准备，展示专业性

竞职演讲的准备是展现实力的第一步。无论是在竞职演讲还是在日常会议中，充分的准备和精准的表达能让你脱颖而出。通过对公司现状的分析、数据的整理，以及对岗位职责的深刻理解，你可以展示出自己对工作的敏锐洞察力和解决问题的能力。

例如，你可以结合具体的工作数据，详细阐述你在某项目中的成就，展示你对工作的深刻理解和解决方案。在这个过程中，避免泛泛而谈，要言之有物。充分准备和专业的演讲内容不仅能赢得领导对你的重视，也能让听众信服你的能力。

"在过去的 3 年里，我负责的 ×× 项目帮助公司实现了 20% 的增长。通过对市场的深入分析和调整销售策略，我带领团队顺利应对了多次挑战，确保项目按时完成。"

2. 提出建设性意见，展现解决问题的能力

仅仅展示过去的成就是不够的，你还需要通过提出建设性意见，展示你对未来的规划和思考。在竞职演讲中，能够针对公司现有的问题或岗位的挑战，提出切实可行的解决方案，是展现实力的有效方式。

通过分享具体的行动计划和你对该岗位的贡献构想，你不仅能展示出自己的工作能力，还能体现你对岗位的责任感和远见卓识。

"如果有幸担任这一职务，我将重点推动团队协作效率的提升，并通过引入智能化管理系统来简化流程、降低成本，预计能够在未来一年内提升部门效率 15%。"

3. 委婉表达，展现谦逊的自信

竞职演讲中，直接夸耀自己往往会让人产生反感，因此，要学会通过委婉的方式展示实力。在自我介绍时，巧妙地引用过往的成功案例，突出自己解决问题的能力和领导力，但不必过分强调个人成就。卡耐基曾说："不要怕推销自己，只要你认为自己有才华。"然而，推销自己需要技巧，展示谦逊和自信的同时，也要让听众看到你对未来的责任感和贡献潜力。

"我非常感激在过去的几年中，领导和同事们给予我的支持和帮助，这让我有机会在多个重要项目中成长，并取得了令人满意的成绩。我相信，在未来，我可以通过继续努力，与大家一起推动公

司发展。"

4. 多展现团队合作精神

在竞职演讲中，强调团队合作的精神也能为你加分。现代企业重视的不仅是个人能力，还包括你能否与他人有效合作，带领团队共同成长。通过分享你在带领团队中的经验，以及你如何与他人协作解决难题，你能够展示出自己的领导力和团队精神。

"在去年我负责的项目中，我与团队紧密合作，确保了各环节的顺利对接。在大家的共同努力下，我们提前一个月完成了任务，节省了 10% 的预算。"

5. 结束时重申价值观与承诺

最后，在演讲的结尾处，重申你对公司的价值认同和你对未来工作的承诺，能让你的竞职演讲更加有力。表达你对公司未来发展的愿景以及你愿意为公司全力以赴的态度，能够给听众留下深刻的印象。

"我深知这个岗位对公司的重要性，我相信我有能力胜任这一挑战，并与大家一起推动公司迈向新的高度。无论竞选结果如何，我都将继续为公司贡献我的全部力量。"

在竞职演讲中，展现实力的关键是通过专业、建设性的发言来赢得听众的信任，同时保持谦逊的态度。充分的准备、切实可行的方案，以及对团队合作的重视，都是成功的关键。而通过委婉、自然的表达方式，能够展现出你的自信和能力。

就职演讲怎样说才能鼓舞人心

无论是在企业中担任新的职位，还是接手新的管理职责，就职演讲都是展示自信、打动听众的重要时刻。这不仅仅是一次自我介绍，更是传递愿景、展现领导力的关键场合。要通过就职演讲鼓舞人心，我们需要运用富有感染力的语言和明确的愿景，激励听众与我们共同迈向未来。

1. 开篇要直击心灵，传达真诚

在就职演讲的开头，表达对获得该职位的荣幸和对支持者的感谢是必不可少的。这一部分应简洁明了，同时充满感情，能够让听众立刻感受到你的真诚。

"各位领导、亲爱的同事们，今天是我职业生涯中最荣幸的一天，我非常感激大家的信任和支持，让我有机会担任这一重要的角色。在此，我向在座的每一位表示最衷心的感谢。"

这样的开头既谦逊又直接，为接下来的演讲奠定了良好的情感基础。

2. 明确表达责任感，展现使命感

一个鼓舞人心的就职演讲，必须让听众感受到你对职位的责任感和使命感。你可以通过简要回顾前任领导的成就，来表达自己对未来工作的认知，同时强调你将继承并发扬这些优良传统，带领团队实现新的突破。

"我深知，接过这一职位意味着继承和发扬前任领导的光辉成就。我将全力以赴，肩负起这份责任，与大家一起在已有的基础上迈出新的步伐，迎接未来的挑战。"

通过这种方式，听众不仅能感受到你的信心，还能看到你对工作的深刻理解和承诺。

3. 传达清晰的工作愿景

接下来的演讲主体部分，最关键的是清晰传达你的工作计划和愿景。不要泛泛而谈，要结合具体的目标、策略和行动计划，展现你对未来的规划，并让听众看到可行性。

"在接下来的工作中，我将以提升团队协作效率为首要任务，推行更智能化的管理系统，简化流程、提升生产力。同时，我们将重点关注人才的培养与发展，确保公司具备持续竞争力。"

通过具体的行动计划，听众能更清楚地看到你的决心和可操作性，也能增强他们对未来的信心。

4. 激发团队的集体力量，号召共同奋斗

在演讲的最后阶段，呼吁集体力量至关重要。一个人的力量有限，真正成功的领导者能鼓舞团队共同奋斗，激发他们的潜能。用热情和信心号召全体成员一起为共同的目标努力，可以大大增强演讲的感染力。

"我相信，只有我们每一个人携手合作，才能真正实现公司的长远发展。无论未来的道路上有多少挑战，我都坚信，只要我们齐心

协力，就一定能够创造更加辉煌的成绩。"

这种富有号召力的语言不仅能激励团队，也能增强集体的凝聚力，让每一个人感受到他们的重要性。

5. 结尾展望未来，给予积极鼓励

演讲的结尾应充满希望与激励，让听众感受到未来的美好和你的信心。你可以用激昂的语言鼓舞大家对未来充满期待，并传递出你会带领大家共同走向成功的决心。

"我坚信，通过我们的共同努力，公司的未来将更加光明，我们将一起书写新的辉煌篇章！我对未来充满信心，也对大家充满信任。让我们并肩前行，迎接更加美好的明天！"

这类结尾既简短有力，又充满激情，能够在演讲的最后一刻点燃全场的热情。

要让就职演讲真正鼓舞人心，关键在于展现真诚、责任感和清晰的愿景，同时通过富有号召力的语言激励团队共同奋斗。好的就职演讲不仅仅是表达个人的愿望，它更是一种凝聚力的体现，通过你的言语，让大家看到共同的未来，感受到你的领导力与使命感。

祝酒词如何说才能烘托气氛

祝酒词在中国的酒文化中具有重要的地位，不仅仅是为了一种礼仪，也是为了营造气氛、促进关系。因此，在不同的场合，如何说出恰如其分的祝酒词至关重要。以下是对原文的总结和优化，帮助

你在不同场合通过祝酒词达到烘托气氛、促进关系的目的。

在各种重要的场合——无论是迎接贵客、庆祝成功、还是纪念特殊日子，祝酒词都是烘托气氛的重要手段。一个合适的祝酒词，既能让宾主尽欢，也能通过言辞增进感情。要让祝酒词发挥其最大效用，我们可以从以下几个方面入手。

1. 简短而有力，明确主题

一个优秀的祝酒词，不需要冗长烦琐，反而应简明扼要，紧扣主题。无论是商业宴请、家庭聚会，还是庆功宴，祝酒词都应以明确的主题和真诚的感情打动在场的人。例如，在年会中，你可以这样说：

"各位同仁，今天我们齐聚一堂，庆祝这一年来的辛勤付出和卓越成就。感谢大家的努力，让我们的公司蒸蒸日上。让我们共同举杯，为了公司的未来和大家的幸福，干杯！"

这种简短的祝酒词能够迅速抓住重点，既表达了对大家的感谢，又激励大家在未来继续奋斗。

2. 结合场合，展现真诚与热情

祝酒词需要根据场合进行调整。无论是商业宴请、婚礼庆典，还是好友聚会，都应展现出与你的角色相符的真诚与热情。例如，在婚礼上，祝酒词应侧重情感与祝福。

"今天是一个充满爱与祝福的日子，看到新郎新娘步入婚姻殿堂，我感到无比的高兴。愿你们携手走过每一个春夏秋冬，生活充满幸福和欢乐。让我们一起举杯，祝福这对新人，永结同心！"

婚礼上的祝酒词应当情感真挚，富有祝福感，能够增强现场的温馨氛围。

3. 控制幽默感，避免庸俗

在一些轻松的场合，如朋友聚会或生日宴会上，加入适量的幽默元素可以活跃气氛，但要避免过于庸俗的语言。适当的幽默会让人感到轻松愉快，而过度的玩笑反而可能让场面尴尬。

"今天我们聚在这里为老朋友××庆祝生日，这不仅是一个美好的时刻，也是我们友谊的见证。祝你在未来的日子里，事业蒸蒸日上，生活幸福美满，继续保持年轻和活力。来，让我们为友谊干杯！"

这种略带幽默又不失正式的祝酒词，能够既调动气氛，又不会显得失礼。

4. 突然被推举，随机应变

如果你在毫无准备的情况下被邀请祝酒，不必慌张，可以直接说出你此刻的真实感受。即使没有准备好长篇大论，一句简单的感谢与祝愿足以打动人心。

"大家好，我很荣幸今天能够和大家一起度过这个美好的时光。感谢大家的支持和陪伴，让我们共同为今天的欢聚举杯，祝愿大家身体健康、事业顺利，干杯！"

这类简洁而真诚的祝酒词既不失礼貌，又能迅速响应现场的需求，给人留下好印象。

5. 灵活应对劝酒，巧妙保护自己

在某些场合，劝酒难以避免，尤其是在中国文化的应酬中。因此，在祝酒词中可以巧妙利用祝酒的机会，控制自己饮酒的量，同时让现场气氛活跃。

"今天的宴会如此盛大，真是让我倍感荣幸。感谢大家的热情款待，作为主人，理应我先敬大家一杯，祝愿各位身体健康，万事如意。干杯！"

这种反客为主的祝酒方式能够让对方感到被尊重，也能适度减少你被劝酒的压力。

总之，祝酒词的关键在于场合的把握和情感的传递。通过结合场合特点，控制语言节奏和幽默感，你可以有效烘托气氛，增进感情。学会灵活应对不同的情况，将会让你的祝酒词成为宴席中的亮点。

主持会议时如何抓准重点彰显魅力

一、开口就要有水平，主导会议气氛

现代社会，出于工作的需要，我们经常需要参加并主持会议，尤其是对于一些领导者而言，主持会议更是最为常见的工作。在许多会议场合，大部分都是主持人先讲话，对此，拥有好口才的职场人士，几乎是一开口就有水平，调动了整个会场的气氛。因此，开口就要有水平，简单地说，就是需要一段精彩的开场白，开场白不仅仅需要精彩，更需要能够详细、巧妙地把活动或会议的内容介绍

出来。精彩的开场白给人的印象是深刻的，能起到先入为主、吸引听众的效果。精彩的开场白往往能像磁铁一样紧紧地吸引住听众，奠定整个会场的基调和节拍，增强他们对你讲话内容的兴趣。

好的开头可以一下抓住听众的心，给人以深刻的印象，吸引人们继续听下去。就像看一本精彩的小说，开始就兴味盎然，人们自然急于了解下面的情节。开场白还要尽量避开那种陈旧死板、千篇一律的格式。你要根据讲话内容的实际或讲形势，或道特点，或提要求，要因境制宜、灵活构思、巧妙设计，让与会者在不知不觉中进入你精心设计的"圈套"。

有一次，王主任召集全单位人员开会，当时会场比较嘈杂，听众情绪还未安定。王主任这样开头了："有个笑话说，张飞和关羽参加一次刘备召开的军机会议，当时大家正交头接耳，刘备无法讲话。张飞说：'哥，看我的。'于是他用在长坂坡喝退曹军的大嗓门吆喝一声。结果大家并没有安静下来。关羽说：'小弟，你那手不行，还是看我的。'于是，他便坐在刘备的位子上，捋须凝目，似有所思。这下子大伙儿觉得奇怪，倒安静下来了。其实，这只是个笑话，刚才大家交头接耳，现在为什么静下来了？这个问题留给大家思考，我今天所要讲的主要内容是……"开口就是一个生动的故事，立即引起了听众的注意力，整个会场很快安静了下来。

还有一次，王主任在讲话的时候，发现现场气氛太紧张，为了把气氛搞得活跃些，王主任这样开口："有个善于演讲的人总结了一条经验，要调动会场情绪，只要注意看两个人：一个是看长得最漂亮的，看着这个人，可以使你讲话更有色彩；第二个是要注视会场上最不安定的那个听众，镇住他，使你讲得更有信心。我想学习这个方法，可咱们这儿长得漂亮的、英俊的有 100 个，可是我没有发现不安定的听众，这可叫我难办了。"这段话讲完了，全场的气氛不再紧张了。

在这里，王主任巧借环境，用风趣幽默的开场白来缓解、调节了现场气氛，使大家的情绪得到缓解，较好地融入其发言的氛围中。当然，不同的发言所需要的气氛是不同的。比如，领导者在征求意见的时候，需要下属畅所欲言，需要的是生动、热烈的场面；而研究解决问题的讲话需要的是严肃、庄严的气氛；欢迎贵宾的发言所需要的是热情洋溢的气氛。在不同的发言场合，需要我们以不同的开场白营造出与发言主题相应的气氛，这才能使整个发言得以顺利进行。

开场白需要一开始用高度凝练的语言把基本的目的和主题告诉听众，引起他们想听下文的欲望。当然，开始讲话不能三言两语、草草了事，意不明，言已尽，给下属以茫然之感，使他们不明白讲话的主旨，从而失去对你讲话的兴趣。

那么，在主持会议中，我们该如何以好的开口制造良好的气氛呢？

1. 新颖生动的语言

生动才能吸引人，虽然是主持会议，但也尽量说下属和在场人员听得懂的语言，这样才能使听众对你的讲话产生兴趣。反之，如果你总是老生常谈，就会让听众觉得寡然无味，也不会对你的讲话有任何兴趣。

2. 风趣幽默

幽默风趣是一种"快语艺术"，它突破了惯性思维，遵循的是反常原则。我们在实际讲话中，必须要想得快，说得快，触景即发，涉事成趣，出人意料之外，又在情理之中，使听众易于在欢笑中易于接受。

可见，工作中，主持会议时，一定要有精彩的开场，具有恰当连接、灵活应变的特点，应该打破千篇一律的格式，比如"现在开会，请领导做报告""这次活动马上开始，第一项进行的是……"如果仅仅只是这样做一件简单的介绍，那么就很难激起听众的兴趣，你应该根据活动的具体情况，或说说会议内容，或讲讲形式，或道道特点，或提提要求或谈谈"历史上的今天"。总之，要因地制宜，灵活设计，引导出良好的气氛，除了带给人们乐趣之外，还需要尽情地发挥出诙谐幽默，使与会者能发出来自内心的微笑。

二、会议上被邀发言，如何发言才显落落大方

身处职场，可以说，开会是我们的工作内容之一，我们也常会遇到这样的情况，当我们认真倾听领导在会上侃侃而谈时，突然被领导或者其他同事推举起来即兴发言，此时，该如何发言呢？不得不说，在会上即兴发言是一件极需要勇气和口才的事，你也只有落落大方地阐述你的观点，才能获得与会人员的认同。事实上，不少人遇到过这样的情况：对发言毫无准备，而被众人推举出来发言的时候依然不明就里，只能随便说几句，草草收场。我们先来看看小杨的经历：

小杨是个内向的女孩，从上学到工作都很文静，很少和周围的同事接触，甚至连话都不敢说重了。这样，二十几岁的她，在单位两年了，也没升职。她也为自己目前的工作状态感到满意，但有一次聚会，却让她彻底改变了她的看法。

每年，公司都会举行一次大型的聚餐活动，今年依旧如此。那天，小杨所在的部门同事们都坐在了一起。聚会进行到一半时，为了活跃气氛，有同事提议表演节目。轮到小杨所在的部门时，大家面面相觑。部门主任自己不擅长此道，更别说唱歌表演了。刘姐是个庄重淑女，是不可能失去高贵气质的。老李的水平和部主任差不多。只有小赵是文艺天才，能自弹自唱，但不巧的是他感冒了，嗓子肿得说不出话来。

最后大家把目光聚到小杨的身上。刘姐说："年轻人哪有不会唱不会跳的？这又不是比赛，意思意思就行了。"还没等她反对，主持人已经报幕了："下面请计划部的小杨给咱们献上一曲……"事已至此，她只好硬着头皮在大家的目光中走上台去，接过话筒唱了一段京剧……这段京剧旋律流畅轻快，节奏鲜明好听，以至于台下的老师傅们不知不觉地跟着唱了起来，场面达到了高潮，大家的掌声更响了。她的情绪也十分高涨，有种真正被人接受、被人欣赏的感觉和喜悦。

回到座位上，部主任笑容可掬地说："没想到小杨还有这么两下子呢，不错不错。以后再有这样的机会，让她和小赵配合一下，兴许还能给咱部里拿个什么奖呢。"她真是有点受宠若惊，要知道部主任可从来没有这样和蔼可亲地对她说过话。

这次聚会后，小杨一下子出名了，以前她还不认识或还不太熟悉其他部门的同事，在班车或是在食堂相遇，都友善地和她打招呼，因此她也意外地结识了很多新朋友。更让她惊喜的是，在一次公司例会上，公司总裁居然主动和她说话："我知道你，戏唱得不错。韵味十足，现在年轻人会唱京剧的不多呀。人也长得好看，小姑娘不错。老董你很有眼光啊。"

部主任开心的大笑起来："您不是说培养年轻人吗！"

　　会后部主任和小杨讲："好好干，只要外面有出头露面的机会我会安排你去的，年轻人前途无量啊。"不久，部主任退休，部主任一职，由小杨担任。当时的小杨才 24 岁。

　　我们发现，因为一次"赶鸭子上架"的机会，小杨被单位同事熟识，被单位领导重视，这再次让我们体会到周总理的那句"外交无小事"。事实上，除了一般性质的聚会，平时的工作会议，也是职场新人表现自己的良好机会。

　　了解了这一点，估计有很多职场人士知道为什么自己"俯首甘为孺子牛"，做足了那 10% 的功课，却不及那些高曝光度的同事，动那 60% 的脑筋，来得讨巧了吧？

　　当然，要想在会上大放光彩，你除了要敢说外，还要掌握一些发言方法，具体来说，这些礼仪有：会议发言有正式发言和自由发言两种，前者一般是领导报告，后者一般是讨论发言。

　　如果你参与的是正式的发言，就应衣冠整齐，走上主席台应步态自然、刚劲有力，体现一种成竹在胸、自信自强的风度与气质。发言时应口齿清晰，讲究逻辑，简明扼要。如果是书面发言，要时常抬头扫视一下会场，不能低头读稿、旁若无人。发言完毕，应对听众的倾听表示谢意。

　　自由发言则较随意，但要注意，发言应讲究顺序和秩序，不能争抢发言；发言应简短，观点应明确；与他人有分歧，应以理服人，态度平和，听从主持人的指挥，不能只顾自己。

　　另外，如果有会议参加者对你提问，应礼貌作答，对不能回答的问题，应机智而礼貌地说明理由，对提问人的批评和意见应认真听取，即使提问者的批评是错误的，也不应失态。

三、别把会议场合当成自己的"个人秀"，需快速入题

在公共场合发言、开会等，都属于领导干部管理指导工作的一个重要方面。然而，对于不少职场人士来说，也许他们最害怕的就是开会了。不少职场人士坦言，每周大会小会不断，而且会议内容冗长复杂，最让人无法忍受的是，上司领导似乎总是把开会当成自己的"个人秀"，他们会在会上大谈自己的丰功伟绩，以至于几个小时过去了，会议还没提到中心内容，白白浪费了很多时间。为此，作为领导干部，要想提高开会的效率，就要尽量做到快速入题。

为此，领导者需要掌握以下几点开会技巧：

1. 入题要快

开会时，领导者欲使与会者尽早进入状态，接受自己的言论，就必须重视入题的速度和方式两方面的安排。既要"开门见山、一针见血"，又要有逻辑上的悬念、起伏和跌宕。

我们来看看下面这位领导在会议上是怎么开场的：

在座的各位同事、各培训机构的领导，大家上午好！

首先要感谢公司董事会能组织这次研讨会，为我们大家创造了一个学习和交流的机会。我也非常高兴能有这个机会，和各位经验丰富的同人、领导交流办学经验和心得。

这是我们公司第一次开这么大规模的研讨会，为了方便大家记住我，我先介绍一下我自己。我叫张迅。张爱玲的张，鲁迅的迅。他们一个是文化界的名人，一个是文艺界的名人。今天，我们组织这个会议是希望……

这一案例中，这位领导在三言两语间就介绍清楚了自己和开会

的目的和要达到的预期目的，可谓句句达意，让与会者清楚明白。

当然，这里，强调入题要快，并不是说所有入题都以"开门见山"这样"直"的方式为佳。其实，有时候入题更需要讲求一定的曲折和委婉，尤其要讲求一点逻辑悬念，方才有利于入题。因此，有时候，领导者不妨在言辞上多下点功夫，以悬念抓住与会者心理，引起他们的注意和重视。

2. 观点鲜明

开会时，领导者一定要观点鲜明。观点鲜明，显示着领导者对一种理性认识的肯定，显示着领导者对客观事物见解的透彻程度，能给人以可信性和可靠感。会议观点不鲜明，就缺乏说服力，就失去了开会的作用。

3. 感情真挚

开会时，领导者开场的时候，言辞一定要有真挚的感情，才能让参加会议的人信服。因此，它要求在表达上注意感情色彩，把说理和抒情结合起来。既有冷静的分析，又有热情的鼓动；既有所怒，又有所喜；既有所憎，又有所爱。当然这种深厚动人的感情不应是"挤"出来的，而要发自肺腑，就像泉水喷涌而出。

4. 语言流畅，深刻风趣

领导者若想把在头脑里构思的一切都说出来，让与会者看得见，听得到，就必须借助语言这个交流思想的工具。因此，语言运用得好还是差，对开会效果的影响很大，要提高开会的质量，就要在语言上下一番功夫。

当然，在开会时，作为领导者，你也不必为了减少说话时间而将自己的说话内容完全写在纸上然后背下来，也不是临时抱佛脚看看杂志就可，而应该在自己的脑海里挖掘，然后提炼那些信念，你不必担心材料不足，只要你挖掘，就能找到，也不必怀疑你的讲话太个人化，真正这样的说话才是让人快乐的、动人的。

背诵会议内容固然使你可能会记得每一字每一句，但总是缺乏生气，而如果你扔掉稿件，也许你会忘记几点，但肯定更富有人情味。

总之，我们正处在一个迅猛发展的时代，城市的生活节奏很快，尤其是一线城市。因为生活节奏的加快，各行各业也都在加速度追增长，一切都代表着速度和节奏，所以，作为领导者的你，要为员工和下属节省时间，在开会时，一定要快速入题，迅速将听众带入规定情境和思路中去。

四、开会不是上朝，气氛不必太沉闷

我们都知道，领导干部开会，就是要通过产生积极作用来影响与会者的作用，而做到这一点，并不是靠严肃地说教、死命令就能起到作用的，毕竟开会不是上朝，还是要活跃气氛，最重要的还是以理服人，与会者心服口服，才会愿意继续听下去。

事实上，我们也发现，开会时，作为听者的我们，对那些富有亲和力的领导似乎更青睐。可见，领导风趣、和蔼的谈吐，通俗易懂、深入浅出地论述上级的路线方针和政策，让人听了愿意接受。

古今中外，有许多平易近人的高人智者，就在我们身边，也有许多优秀的领导给我们留下了风趣、富有幽默感的形象，同时，留下了难忘的好口碑。

美国某位总统，在庆祝自己连任时开放白宫，与一百多个小朋友亲切"会谈"。10岁的约翰问总统，小时候哪一门功课最糟糕，是不是跟自己一样，也挨老师的批评。总统告诉他："我的品德课就不怎么样，因为我特别爱讲话，常常干扰别人学习，当时，我可是老师

经常批评的对象。"他的幽默回答，使现场气氛非常活跃。

当时有一位叫玛丽的女孩，她来自芝加哥的一个贫民区。她对总统说，她每天上学都很害怕，因为她不知道会发生什么事情，害怕路上遇到坏人。

这时，总统收起笑容，严肃沉重地说："我知道现在小朋友过的日子不是特别如意，因为有关毒品、枪支和绑架的问题政府处理得不理想。我希望你好好学习，将来有机会参与到国家的正义事业之中。也只有我们联合起来和坏人做斗争，我们的生活才会更美好。"

总统在说话中，富于幽默感，而且极具亲和力，也难怪小孩子都喜欢与他交谈。那些幽默而亲和力的话语紧紧抓住了小朋友的心，使小朋友的心里面认为总统与他们是好朋友。即使场外的人们看到了这样的对话场面，也会感觉到总统是一个亲切的人。

在 2000 年 8 月举行的南部非洲发展共同体首脑会议上，曼德拉一连串妙语连珠的幽默话语征服了上千名与会者。他走到讲台前说："这个讲台是为总统们设立的。我这位退休老人今天上台讲话，抢了总统的镜头。我们的总统姆贝基一定很不高兴。"话音刚落，笑声四起。这时，主持人为他搬来一把椅子，请他坐下演讲。他在谢过主持人后说："我今年 82 岁，站着讲话不会双手颤抖得无法捧读讲稿，等到我百岁讲话时你再给我把椅子搬来。"会场里又是一阵笑声。曼德拉在笑声后开始正式发言。

讲到一半，他把讲稿的页次弄乱了，不得不来回翻看。他脱口而出："我把讲稿页次弄乱了，你们要原谅一位老人。不过，我知道在座的一位总统，在一次发言时也把讲稿页次弄乱了，而他自己却不知道，照样往下念。"

这时，整个会场哄堂大笑。"其实，讲稿不是我弄乱的，秘书是不应该犯这样的错误。"他说,"感谢你们把用一位博茨瓦纳老人名字命名的勋章授予我这位老人。我现在退休在家,如果哪一天没钱花了,我就把这个勋章拿到大街上去卖。我肯定在座的一个人会出高价收购的,他就是我们的总统姆贝基。"这时,姆贝基情不自禁地笑出声来,连连拍手鼓掌,会场里掌声一片。

曼德拉幽默的语言调动了人们的情绪,在那种场合都是极为严肃的,或许,在场的人们根本没有去过多地关注某个人。但是曼德拉幽默的语言给大家带来欢乐,调动了他们积极倾听的情绪,同时,也捕获了在场观众的心。

的确,平易近人的领导在开会时会敞开心扉与下属沟通,动之以情、晓之以理,寓教于乐,并在欢声笑语中博得下属的信任与赞成。为此,领导者在会上讲话,需要做到:

1. 要有内在的吸引力

领导开会,如果只讲大道理,那么,讲话便是枯燥无味的,而听者一般也会透过讲话分析领导、认识领导。只有生动的讲话才是吸引人的,所以作为领导讲话,应在内在的"神"上下功夫。这就要求我们善于抓住与会者的心理,了解大家所想所盼,尽量做到你讲的正是群众想听的,从而增强内在吸引力。

2. 运用富有情感的语言

感染力强,效果就好。平淡无奇,死水一潭,没人爱听,大家就会指着讲话者说"没水平"。所以,领导开会,一定要注意研究与会者心理,

把握讲话现场状况,从容应对局面。要善于运用富有感情的语言进行讲话,或用慷慨激昂的感召,或用富有哲理的评议,或用激励的语言,扣人心弦,励人斗志,激起大家的热情,增强大家的信

心，从而获得大家的支持。

五、开会切忌啰唆，要捡重点的说

在日常工作中，尤其是开会时，许多领导讲话有一个明显的弊病，那就是非常啰唆，他们把一些极为简单的问题复杂化。本来可以三言两语就能说清楚的问题，他非要重复无数遍，结果越说越离谱，自己也搞不懂在说什么。而在当今社会，由于生活节奏快，人们的时间观念很强，因此说话简洁给人带来一种生机勃勃的感觉，所以更易于被人们所接受。领导开会时说话，应字字珠玑，言简意赅，才能体现领导应有的好口才。

事实上，不少大领导说话泛泛而谈，他在上面讲得滔滔不绝、口若悬河，但是下面的听众却面面相觑、不知所云，这就是由于他没有说到点子上。领导讲话要做到一针见血、言简意赅，这样才能让听众们明白你到底说的是什么。

1863 年 7 月 1 日，美国南北战争中的一场决定性战役，在华盛顿附近的葛底斯堡打响了。经过三天的激战，北方部队大获全胜。战后，宾夕法尼亚等几个州决定合资在葛底斯堡建立国家烈士公墓，把牺牲的全体战士公葬在此。

公墓在 1863 年 11 月 19 日举行落成典礼，美国总统林肯也被应邀到会做演讲。这对于林肯来说，有很大的难度，因为这次仪式上的主要演讲者是美国前国务卿埃弗雷特，而林肯只是因为总统的身份，才被邀请在埃弗雷特之后讲几句形式上的话。林肯非常明白埃弗雷特的演讲水平，他被公认是美国最有演说能力的人，尤其擅长在纪念仪式上演讲。而林肯在他之后讲话，无疑有点"班门弄斧"之嫌，如果讲得不好，更会使自己总统的颜面丧失。

在典礼上，埃弗雷特那长达两个小时的演讲，确实非常精彩。

结果轮到林肯总统讲话了，出人意料之外的是，他的演讲只有十句话，而从他上台到下台不过两分钟的时间，但是掌声却整整持续了十分钟。林肯的演讲不仅仅是赢得了当时在场的一万多名听证的热烈欢迎，而且还在全国引起了轰动。当时有报纸评论说："这篇短小精悍的演说简直就是无价之宝，感情深厚，思想集中，措辞精炼，字字句句都很朴实、优雅，行文毫无瑕疵，完全出乎人们的意料。"就连埃弗雷特本人第二天也写信给林肯："我用了两个小时总算接触到了你所阐明的那个中心思想，而你只用了十句话就说得明明白白。"林肯这次出色的演讲的手稿被收藏到了图书馆，演讲词被铸成金文，存入了牛津大学，作为英语演讲的最高典范。

林肯在这次演讲中靠什么取胜？那就是简洁，他那简短有力的演讲比长达两个小时的精彩演讲更深入人心。很多时候，言简意赅的讲话比那些长篇大论更容易被人们所接受，所谓"浓缩的就是精华"，因为简洁，所以它所阐明的思想会更有深度；因为简洁，它所表达的意思更加清晰；因为简洁，它所彰显的内容会更有力度。

作为领导者，要想自己的讲话获得较好的效果，就必须讲究语言的简洁、精练，这样才能使下属在较短的时间里获取更多有用的信息。反之，如果你只是空话连篇、言之无物，那么无疑是浪费时间。在很多时候，有的领导哪怕只讲了一句话，也能获得满堂的掌声，而有的领导讲了整整一个小时，却连稀稀拉拉的掌声都没有，这就是语言是否简洁的效果。

吴先生是广州某地区有名的房地产大亨。有一年他带着自己的团队从广州飞往某大城市，准备投资当地的房地产，到处寻找合作伙伴。

在经过一段时间的筛选后，吴先生约了一大型房地产的负责人进行谈判。当双方坐在了谈判桌前，那位负责人立即对自己公司做了较为详细的介绍，且表现得精明能干。通晓市场行情，这令吴先生颇为欣赏。听了那位负责人对合资企业的宏伟计划后，吴先生似乎已经看到了合资企业的光辉前景。吴先生正准备签约的时候，那位负责人似乎还言犹未尽，他又颇为自豪地侃侃而谈："我们房地产公司拥有一千多名职工，去年共创利税五百多万元，实力绝对算是雄厚的……"

听到这里，吴先生显得有点不悦，心想：你公司一千多人才赚了几百万元，就显得那么自豪和满意。这令吴先生感到非常失望，离自己预定的利润目标差距太大了。如果选择这样的负责人经营公司的话，就很难有较高的经济效益和利益。于是，吴先生当即决定终止合作谈判。

其实，如果那位负责人不说最后那句沾沾自喜的话，这次谈判也许就会以另一种结局告终。那位负责人最后几句不着边际、画蛇添足的话，不仅会让自身的缺点暴露无遗，而且令吴先生失去了合作的信心，最终撤回投资意向，因为多余的几句话就失掉了一次大好的合作机会，实在是得不偿失。

在日常开会中，我们经常可以看到，有的领导总是喋喋不休、滔滔不绝地高谈阔论，但是又因为没有把话说到点子上，所以显得词不达意、语无伦次，让旁边的人听而生厌；而有的领导喜欢夸大其词，侃侃而谈，说什么话都不会仔细考虑，显得很没有分寸。所以，领导说话，话不在说得多，而在于是否说到了点子上。

应对媒体如何谨言慎行

一、对媒体心怀尊重，切莫出言不逊

现代社会，我们经常提到"媒体"一词，所谓媒体，指的是传播信息的媒介，是社会的良知或喉舌，没有一个健康的媒体，就没有一个健康的社会。而随着信息技术的飞跃发展，媒体的作用日趋凸显，媒体也已经形成了一种公共力量，作用越来越强大。对于很多领导干部和企事业单位的新闻发言人来说，重视媒体的作用、运用好传媒的力量，已经成为其工作中的重要内容。

我们都知道，在发生了一些新闻性较强的事件后，通常媒体都会前来采访，而对于此类事件的相关人士，就不得不面对记者的一些敏感问题，面对这些问题，我们应冷静应对、巧妙回答，而绝对不能在回答中掺杂个人的情绪，更别说在媒体面前出言不逊或者失态等，即便媒体提出的问题可能触及你的底线、激怒了你，此时你更应该调整好自己的情绪，尽量做到心平气和、从容不迫、理性回答，从而使问题迎刃而解。所以，新闻发言人一定要掌握控制情绪与调节的方法，只有这样，在遇到敏感性的问题时，才能够做到毫不畏惧，审慎回答，最终解决难题。

我们先来看下面一个管理故事：

曾经有家航空公司遇到了一次危机。一次，一架由伦敦经纽约、华盛顿的英航班因为机械故障，在纽约被迫降落后禁飞。乘客对此极为不满，当时飞机上有几名记者，他们站起来对航空公司减轻抱怨，并拿出摄像机拍摄，其他乘客也怨声载道。该公司立即调

度班机，将包括这些记者在内的 63 名旅客送到了目的地。当旅客下机时，英航职员向他们呈递了一份言辞恳切的致歉信，并为他们办理退款手续。尽管英航因此损失了一大笔钱，但起了力挽狂澜的功效，大大减轻了乘客的不满情绪。英航的这一举措被人们广为流传，声誉不仅未损害，反而提高了。此后，英航的乘客一直源源不断。

通过出色的公关手段，航空公司在危机面前得以化被动为主动。这得益于英航面对危机时在媒体面前良好的沟通态度，让媒体和公众看到了他们的责任心，体现了快速反应能力和积极处理问题的能力。

诺曼·文生·皮尔博士在论及专业喜剧时这样说，"人类的个性需要爱，也需要尊敬，在人的内心，都有一种内在的价值感，他们渴望被尊重和重视，一旦伤害这种感情，你就永远失去了那个人。因此，当你爱一个人时，就要尊敬他，你也就能成就他，而且，他也会同样地爱你、尊敬你。"被尊重是人的基本需求，同样，我们面对媒体，也要心怀尊敬，切莫出言不逊。

另外，媒体最大的职能就是报道事实，如果你对媒体不敬，也会被报道出来，很明显，这不但不利于问题的解决，还会损害我们在公众面前的形象。

诺曼·文生·皮尔博士曾经谈到自己的一次经历：

一次我和一位艺人一起上一个节目，当时我们并不熟悉，只是知道他，在那次会面之后，我从其他的杂志上了解到他有困难，我想大概没有人比我更知道这其中的原因。

我很安静地坐在他旁边，就快该我讲话了。"你好像不紧张嘛！"他问我。

"啊，不是的，当然会有一点紧张，当我站在听众面前的时候，自然会有点紧张，因为我尊敬他们，正是这样的责任感让我产生了紧张感，那么，难道你不紧张吗？"

"怎么会？为什么要紧张？那些观众就像上了瘾的鸦片鬼，他们一定会照单全收的。"他当时这样回答我。

"怎么能这么说，对于我们来说，他们是最至高无上的评委，我们要对他们怀着敬畏之心。"我说。

在得到了此人近况不好的消息时，皮尔博士就了解到，原因大概就是因为他将自己置于与观众敌对的为止，而不是用谦虚之心赢得人心。

可见，媒体面前，我们一定要调整好自己的心态，注意自己的说话态度，力求做到说话有底气，讲话才有分寸、有分量，媒体和公众才能信服，才能推动实际工作，解决遇到的难题。

二、在媒体面前一开口说话就要保持友好的态度

相信我们每个人都知道，骄傲是人类人性中一个最基本且容易被引燃的天性，所以，如果是聪明的人是不会和人们的骄傲去对抗的，而是为自己所用。同样，对于那些需要应付媒体的人来说也是如此，在媒体面前说话，最重要的就是保持友好的态度。

的确，在信息社会，几乎每一个机构都要解答如何应对媒体的难题。尤其是政府部门和需要营造社会形象的成功企业更是这样。媒体是舆论的喉舌，利用得好，就是发展之利器，否则，就是搬石头砸自己的脚，因此，在努力做好自己工作的同时，如何保持和媒体

的关系，是很重要的。

　　琳达是某大型外企的公关部经理，可以说，她能当上这一职务，全凭她自己的实力，她是个才思敏捷、口才极佳的人，在大学时代就曾几次拿下演讲比赛和辩论比赛的冠军。

　　一天，她突然接到公司销售部打来的紧急电话，原来，销售部的一批货出现了质量问题，而电话打来的时候，当地的很多媒体已经把公司围了个水泄不通了，琳达心想，现在的媒体速度可真是够快的。

　　琳达知道，此时最重要的就是赶在公众进行猜测之前先应付好媒体，所以，她在听完销售部负责人打来的电话之后，就说了句："我知道了。"随后，她就挂了电话。

　　然后，她带着两个下属乘电梯来到了楼下，而此时的公司保安正全力拦着要冲进来的记者。琳达赶到那里的时候，对保安说："辛苦你们了，让记者朋友都进来吧。"虽然保安不明就里，但还是听从了琳达的吩咐，顿时，这些记者朝公司大厅涌来。

　　随后，琳达让工作人员为在场的记者发了矿泉水和座椅，然后她站在大厅原先设定的新闻发布会讲台上，对大家说："感谢记者朋友百忙之中光临本公司，这表明媒体朋友和大众一直关心我们公司，对于今天我们公司出现的产品质量问题，我代表全公司向消费者道歉，确实我们公司的疏忽……"

　　一番在情在理的讲话说完后，记者居然没有谁站出来发问，他们只是在纸上沙沙地记着。第二天，当地晨报就报道了这件事，并刊登在头版头条上，大意是赞美琳达所在的公司是新时代的良心企业，敢于承认自己的错误等。

琳达在这件事的处理方法上让公司高层对她再次刮目相看,很快,琳达又获得了公司高层给予的加薪奖励。

我们看到,故事中的公关经理琳达是个很善于处理紧急事件、与媒体打交道的人,在公司遇到了产品质量问题这一信任危机时,她立即站出来,用友好诚恳的态度打动了前来采访的记者的心,从而赢得了他们的青睐,帮助公司化解危机。

可见,突发事件发生后,在媒体问责前,如果确实对事件的发生负有责任,那么就要主动承认错误。不过,一些重大突发事件的发生,都是有深层次的原因的。如果你所在的企事业单位、团体或者组织等确实应负有责任而不接受采访和歪曲事实,只会让媒体和公众看到你心虚,只会更加责备你。当然,作为企事业单位的公关部门,最主要的就是与记者、新闻媒体等维系好关系,做到经常沟通和交流,并要懂得制造新闻和热点,还要定期举办新闻发布会,更要懂得通过媒体来帮助企业做产品的宣传,为企业打广告等。

不得不说,在工作中,不少工作岗位需要经常与媒体打交道,当然,应对不同的媒体,方式应该有所不同。因为,总的来说,媒体的宗旨是实事求是,尤其在遇到突发事件、再被媒体采访时,首先要摆正自己的心态,更要有良好的态度,不要试图去掩盖什么,因为很多事情是欲盖弥彰的,你越想捂住,就越会被媒体挖掘出来,并且表示极大的遗憾,同时也要对事件怎么处理做具体的论述。当然,搞好跟媒体的关系,不仅仅是需要跟媒体接触的时候才想起他们,平时也应该跟有些主流媒体有所接触,这样才能在关键时刻,让媒体的天平倾向你,而不是雪上加霜!

三、媒体前说话需谨慎，只说自己该说的话

古人云："一言之辩，重于九鼎之宝；三寸之舌，强于百万之师。"个人的成功，约有15%取决于知识和技能，85%取决于口才，而一个人的口才如何，在公众和媒体之前展露无遗。任何一家公司、企业的新闻发言人或者公关部门的负责人，都要具备一定的沟通、交际能力，头脑清晰，应对媒体时，明白说什么、说到哪、怎么说。所以，我们要说，在媒体面前说话要做到谨慎、滴水不漏，只说自己该说的话。

事实上，我们看到的，一些人因为没有经过应对新闻媒体的专业培训，缺乏面对新闻媒体的起码经验，要么紧张不已、不知所措，要么讳莫如深、惜墨如金，要么就是夸夸其谈，造成了无法挽回的损失。所以，这要求我们三缄其口。这就要求我们在平时利用一切机会加强学习，积累知识，提高自信心，掌握应对技巧，做到谨慎发言。

我们先来看看下面两则案例：

一次，某公司高层内部一位董事被曝光贪污公司财产，媒体闻风纷纷赶来进行报道采访，公司也迅速组织了新闻发布会，希望将这件事平息下去。发布会上，一位记者站起来问公司的一位高层领导："你怎么看待很多公司新近提出的高层财产公示计划？"

结果这位领导的回答让人哭笑不得："你们的财产为什么不公示？"

很明显，这位领导的回答是有失分寸的，面对记者的提问，他不但没有表明公司出现的高层贪污情况是纯属个例，是监督部门的

失职，也没有就高层财产公示计划提出中肯的想法和建议，所以，很明显，他的回答是让公司失望，让媒体大跌眼镜的。

不得不说，现代社会，随着信息技术的发展，网络和媒体监督力度的加强，无论哪一行业，透明度都会越来越高，这也很大限度满足了公众对信息的需求。比较而言，这是非常大的进步。为此，不少担任企事业单位形象塑造工程工作的人必须站到前台，直接面对媒体记者，他们与媒体关系处理的好坏，直接影响着他们在公众中的形象。因此，我们都要适应新形势的变化，学会与媒体记者打交道。

事实上，任何企事业单位或者组织在挑选公关人士或新闻发言人时，都会明确提出以下要求：良好的形象、出色的口才，具备较强的语言沟通和交流能力，知道如何应对媒体，在应对一些媒体敏感问题的时候能做到冷静应对、侃侃而谈、落落大方，让其所在组织与媒体之间的接触和交流取得良好的效果。

此外，新闻发言人还应知悉一些新闻媒体的工作规律和相关情况，懂得如何与媒体合作，如何通过媒体，宣传本单位工作取得的正面成绩，消除不利于本单位的负面影响，为单位树立正确的舆论导向，为社会公众解惑答疑。

所以，当我们面对媒体时要找准自己的位置，说自己该说的话。具体来说，我们要掌握以下几点发言原则：

1. 有问必答，不可遮遮掩掩

要知道，媒体工作者都是敏锐的，如果在媒体面前含糊其词，很容易被认为有问题。因此，要秉持在媒体面前说话"有一说一，有二说二，实事求是"的原则。

2. 说该说的话

在媒体面前说话不是朋友之间聊天，可以高谈阔论。事实上，言多必失，在媒体面前说错话或者暴露什么，都会成为媒体报道的内容，对自己造成负面影响。

3. 面对不好回答的问题，巧妙转移话题

遇到一些敏感话题而不便回答的话，如果不回答，会产生猜疑；而直接回答，很多情况下明显是不合适的，此时，不妨巧妙转移话题，把记者的注意力转移到其他的地方。比如，我们经常看到一些娱乐记者询问明星的私人感情问题，此时，他们通常会告诉记者们应更多地专注他们的演艺事业等。

总之，现代社会，面对媒体，少说话、不说话已经跟不上社会发展的态势了。因此，我们确实应该摆正心态、转变观念，学一些应对或者说是与媒体记者打交道的方法和技巧。